MW00826373

La Receta de la
Abuelita

Índice

Recetas básicas

Platos fuertes, entradas y antojos

Comida del mar

Arroz, caldos, sopas y spaghetti

Tacos

Salsas

Bebidas y postres

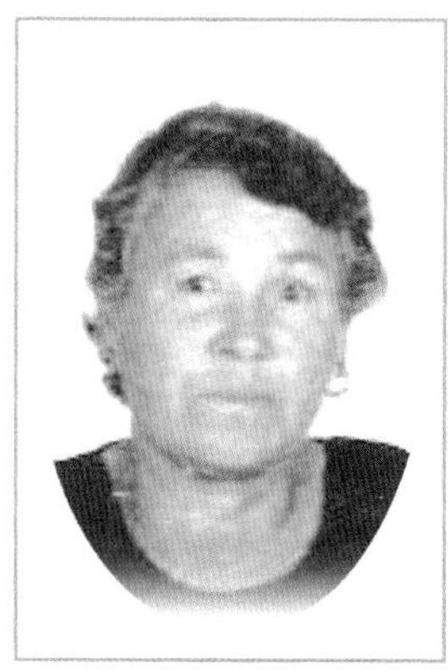

Este recetario se lo dedico a mi abuelita Ramona, donde quiera que esté.

Agradecimiento:

Les quiero agradecer a mis padres, por hacerme la persona que soy ahora, a mis hermanos, a mis tíos, a mis tías, que me facilitaron las recetas; a mi abuelito Reynaldo y a mi abuelita Ramona, que me ve desde el cielo, a mi familia Miriam, Alejandro, pero en especial a mi esposo Manuel que me ha apoyado en todo, por último agradezco a todos y cada uno de los suscriptores, por animarme a hacer este libro. Sin sus comentarios esto no sería posible. Gracias.

Créditos:

Texto: Yessica Perez
Diseño: Yessica Perez
Imágenes: Yessica Perez, María de los Angeles Rosales, Emma Perez
Corrección y redacción: Lilia Smits-López, Flor Ojeda Medina, Maria de los Angeles, Josefina López.
Portada: Fernando Razo Vallejo

ISBN-13: 978-0615514253

ISBN-10: 0615514251

Presentación

Este recetario nace de la inquietud de compartir mis conocimientos en la cocina, por eso, les voy a contar como empecé a cocinar: mi lugar de nacimiento es Cd. Nezahualcóyotl, después llegue a vivir a Chicago, Illinois, a mis 10 años; mi mamá me enseñó a cocinar arroz, aunque siempre se me quemaba, pero hacía el intento. Transcurrieron 2 años y regresé a México, en ese momento me encontré con un desconcierto, ya que no había ni pizzas ni hamburguesas, a pesar de que mi mamá cocinaba comida mexicana cuando vivía en Chicago, pero esta situación era diferente.

En la escuela, en Estados Unidos, nos daban de comer y pues en la casa a veces no comía nada, porque no me gustaba, me había acostumbrado a la comida de la escuela y estando en México mi familia hacía lo que podía para que yo comiera o intentara comer algo. Al paso del tiempo, me di cuenta que tenía que empezar a probar y, poco a poco, fui probando más comidas típicas de México.

Luego, estando en Aguascalientes, mi abuelita me enseñó a hacer tortillas y paulatinamente, veía como preparaba sus suculentos platillos y aprendí; aunque ahora estoy arrepentida de no haber puesto atención de como ella guisaba, tal vez porque en esos momentos tenía 12 años. Posteriormente fui a vivir a Cd. Nezahualcóyotl, y poco a poco, prácticamente obligándome, mi mamá me enseñó a cocinar algunos de mis platillos favoritos.

Considero que a esa edad, a nadie le interesa aprender a cocinar, pero a fin de cuentas mi mamá tenía razón: es indispensable saber cocinar. También aprendí algunos de los platillos de mi tía María. Luego, a los 15 años comencé a trabajar en una taquería, ahí aprendí a hacer carnitas, algunas salsas y obviamente a preparar y despachar tacos. Pasaron 3 años y me regresé a Estados Unidos y conocí a mi pareja, Manuel. Después de 2 años de estar juntos, me di cuenta que debía aprender a cocinar más cosas, ya que cuando alguna de sus hermanas Rebeca o Ana cocinaban, Manuel se chupaba los dedos, cosa que raramente hacía conmigo.

Aprovechando que tenía a mis cuñadas cerca de mi domicilio, les llamaba por teléfono para preguntarles recetas o ellas me visitaban y cocinábamos. Mi cuñada Rebeca me mostró como hacer tlacoyos (huaraches). A partir de ese momento, un buen día que no tenía nada que hacer, y como siempre se me había hecho difícil preparar tlacoyos se me ocurrió la idea de subir mi primer video de recetas, debido a los comentarios de los usuarios, me anime a seguir subiendo vídeos y le llamaba, ya sea a mi mamá, a mi tía Mary, a mi tía Emma o alguna de mis cuñadas, para que me pasaran alguna de sus recetas y así poder complacer alguna petición.

Ciertamente he recibido muchas críticas, pero son estas, las que me han hecho crecer como persona, ya que sin esas críticas o comentarios cometería los mismos errores. Después de 1 año de subir vídeos me llegaron muchos comentarios de personas solicitando que escribiera un libro, realicé investigaciones y debido a lo costoso, no lo hice en ese momento, deje la idea a un lado. Con el transcurso del tiempo, seguí teniendo muchas peticiones para un recetario. Un buen día, decidí realizar una encuesta en el blog "La Receta de la Abuelita" y más de 300 personas dijeron que comprarían un libro, debo confesar que me sentí muy impresionada con la cantidad de votos. Volví a investigar de nueva cuenta y encontré la editorial Create Space™ donde se publicará el presente recetario.

Debo mencionar que tuve mucha ayuda de mi tía Mary y Emma en cuanto a recetas nuevas e imágenes, también he tenido ayuda de mis amigas que conocí en YouTube™, Lilia Smits-López y Flor Ojeda Medina, Josefina López, para la ortografía y redacción e ideas. También he recibido ayuda de mi mamá y mis hermanos José y Nancy en cuestiones que se llegan a necesitar como, por ejemplo, mandar imágenes por medio de internet. Los jarros de los atoles los mando mi mamá desde México, también recibí la ayuda de Fernando Razo, quien se ofreció a diseñar la portada. Debo confesar que con este libro, he aprendido muchas cosas valiosas de ustedes, lectores del mismo, por lo tanto espero que sea de su agrado, ya que fue hecho por y para ustedes.

Nombres de los chiles

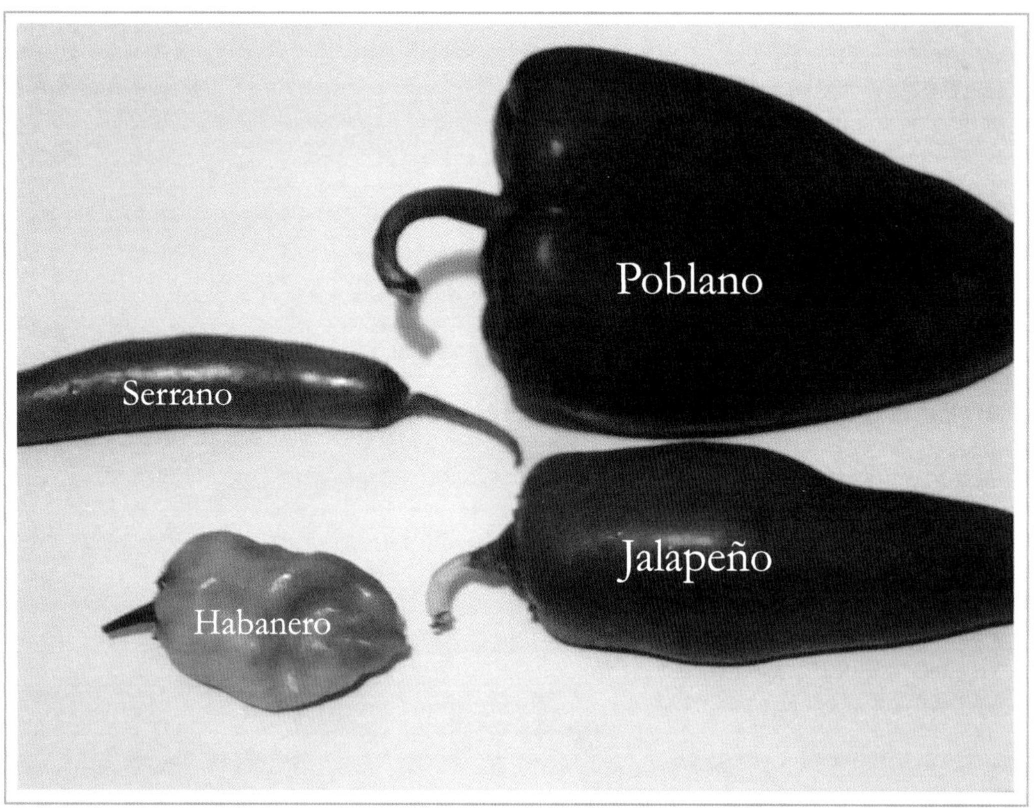

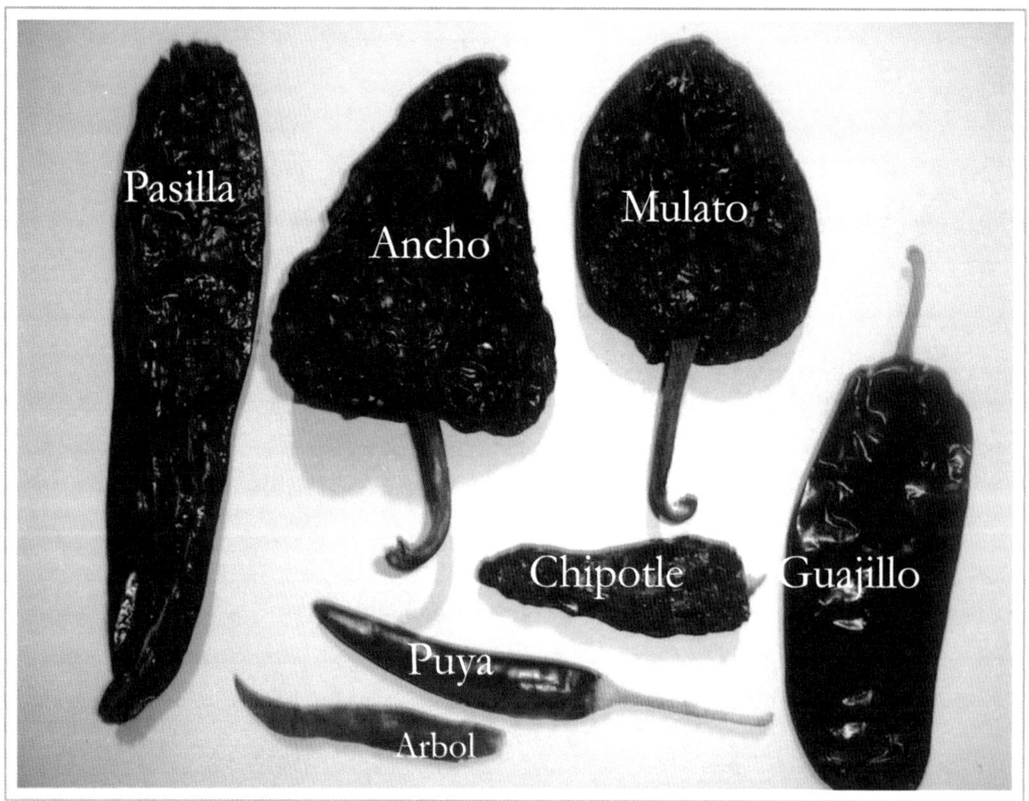

Ingredientes básicos en la cocina

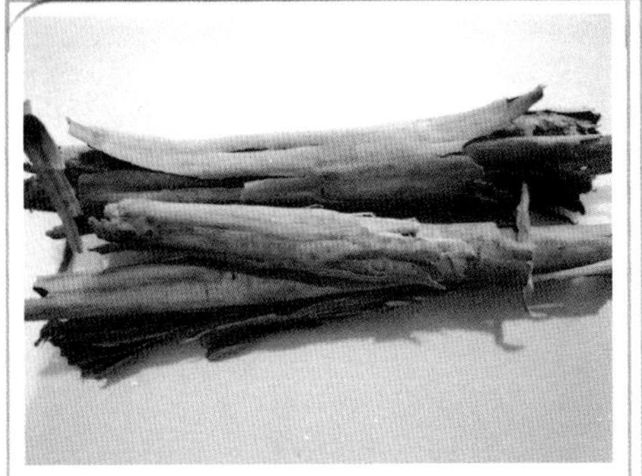
Canela

Hojas de laurel

Comino

Clavos

Sazonador en polvo o sal con ajo

Hojas de aguacate

Tomillo

Pimienta

Orégano

Aceite

Cebolla y Ajo

Caldo de pollo en polvo

Preguntas y respuestas

¿Se paso de sal?

Cuando la comida se pasa de sal, hay algunas comidas como caldos, sopas o guisados, que sí se pueden componer. Ponga en práctica una de las siguientes técnicas.

1.- Suba el fuego al máximo y agregue un poco de azúcar, luego apague.

2.- Agregue papas crudas o cocidas, tape y cocine a fuego medio por 20 minutos. La papa absorberá un poco del exceso de sal.

¿Cómo disminuir lo amargo?

Agregue una cantidad muy pequeña de carbonato, lo que agarre la punta de su dedo. Incorpore a la comida y cuando rompa el hervor, se formará una capa espumosa, retire con una cuchara. Esto ayudará a disminuir lo amargo.

¿Cómo controlar el fuego?

Siempre al empezar a cocinar se empieza con fuego alto; esto es para acelerar el tiempo o para sofreír. Una vez que se encuentra al máximo, se le baja a fuego medio, porque si se deja a fuego alto la comida se quema o a veces la carne se quema por fuera y por dentro está cruda. Por eso siempre que ya esté caliente su sartén, olla o cacerola, baje un poco para darle tiempo a que la comida se cocine por dentro y por fuera. Hay algunas comidas que son muy delicadas o tienen muy poco líquido, en este caso, se le baja al mínimo, como por ejemplo: el mole una vez que rompe el hervor, inmediatamente se le debe bajar al mínimo, si no, se quema.

¿Tapar la comida?

Ponerle su tapa a las ollas o cacerolas es muy importante, ya que así rompen el hervor rápido y no se consume tanto líquido. Haga la prueba con unos frijoles de olla con tapa y unos sin tapa y verá que los que se taparon, quedan mucho mejor, más ricos y de color distinto.

¿Qué es sofreír?

Sofreír es cuando hay que esperar a que el aceite esté bien caliente, para poder agregar una salsa o algunas verduras picadas. Depende lo que va a cocinar; inmediatamente que se agrega algo a sofreír se le baja a fuego medio para no quemar la comida.

Jitomates o tomates:

Al escribir este recetario me encontré con la interrogante de qué término usar, pero como este es un recetario de recetas mexicanas, me quedé con jitomate y tomate. En Estados Unidos a los jitomates se les llama tomates y los tomates se llaman tomatillos así que ya sabe no se confunda.

Las verduras:

Para hacer arroz puede usar granos de elote, chícharos, ejotes o zanahorias. En las recetas pueden usar lo que ustedes gusten. Si lo prefieren no le pongan verduras, eso es opcional, pero si las usan, trate de cortarlas en pedazos muy chicos para que se cocinen rápido o compre las que vienen mixtas congeladas o enlatadas. Las verduras le agregan un sabor muy rico al arroz, además de ser muy nutritivas para nuestro organismo.

¿Qué es baño María?

El baño María se usa mucho en los postres. Aunque suena extraño es muy fácil, solo tiene que poner el molde del postre que esté preparando, en una olla o cacerola más grande; luego agregar agua a la cacerola, cuidado, el agua solo tiene que cubrir la mitad del molde pequeño. Si le pone de más y el molde del postre no está bien tapado, se le va meter agua y va a dañar su postre. El baño María se puede hacer encima de la estufa o en el horno.

Sustituciones y aclaraciones

Arroz:

Les quiero comentar que siempre me preguntan si lavo el arroz o no. En la bolsa del arroz que yo compro dice que el arroz no se debe de lavar, porque le quita sus propiedades, por eso no lo lavo, pero creo que eso depende del país donde usted viva y la calidad del arroz. Para lavarlo, se pone el arroz en un refractario, se le agrega agua tibia y se deja reposar 10 minutos, después se cuela con un colador se deja reposar otros 5 minutos para que escurra y al momento de freír no le brinque el aceite.

Manteca o aceite:

En la cocina, se usa mucho el aceite ya sea de maíz, canola o vegetal, pero depende el gusto de cada persona, esto determina el sabor final de la comida. Por ejemplo: los frijoles refritos saben mejor con manteca, las gorditas o quesadillas saben mucho mejor si se revuelve mitad de aceite y mitad de manteca de cerdo, pero cada uno de nosotros tenemos un gusto diferente, ustedes podrán sustituirlo por el de su agrado, así podrán experimentar con sabores.

Caldo de pollo o caldo de pollo en polvo:

Es muy difícil tener siempre el caldo de pollo natural (ver página 18), a menos que lo tenga en el congelador y antes de cocinar descongelarlo, no dude en usarlo ya que su sabor es único y si le sobra un poco vierta en un refractario y métalo en el congelador. No lo tire.

Por falta de tiempo siempre acudimos al caldo de pollo en polvo. La regla es 1 cubo o 1 cucharada de caldo de pollo en polvo por 1 litro de agua. Un consejo: siempre antes de sazonar la comida, primero agregue el caldo de pollo en polvo, verifique de sabor y si le falta sal agregue, recuerde que es mejor que le falte sal a que este salado.

Sin duda alguna el caldo de pollo natural es mucho mejor y da mejor sabor.

Recetas básicas

Masa

⌛ 10 minutos
25 tortillas

Ingredientes:

3 tazas de harina de maíz para tortillas
2 ¾ tazas de agua tibia
1 cucharadita de sal

Ponga la harina en un recipiente hondo, agregue la sal y poco a poco vaya mezclando y agregando agua, continúe amasando hasta tener una masa manejable, si siente que la masa está muy dura agregue un poco mas de agua y si siente que la masa es muy blanda, agregue harina, hasta llegar a un término medio.

Tortillas de maíz

30 minutos

Coloque un plástico que cubra su máquina de hacer tortillas, ponga una porción de masa del tamaño de una pelota de golf, aplaste ligeramente con las manos.

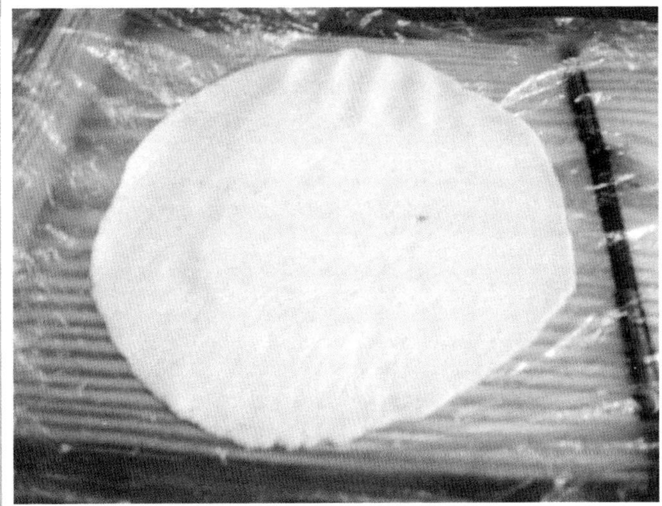

Aplaste hasta tener el grosor deseado, retire con cuidado la tortilla, para llevarla al comal, que debe de estar bien caliente.

Ponga la tortilla en el comal con cuidado. Tiene que darle 3 vueltas en total, una cada minuto, las tortillas se deben de voltear fácilmente, en caso de no ser así, le falta cocción.

Ponga las tortillas calientes en un tortillero encima de una servilleta de algodón. Cuando termine todas envuelva bien para conservar calientes y evitar que se hagan duras.

Tortillas de harina

⌛ 1 hora
15 tortillas

Ingredientes:

18 oz (500g) harina de trigo
3.5 oz (100 g) manteca vegetal
1 taza de agua caliente
½ cucharadita de polvo para hornear
½ cucharadita de sal

Cernir con un colador fino la harina, el polvo para hornear y la sal, esto es para evitar grumos.

Agregue la manteca vegetal y revuelva bien, poco a poco incorpore el agua caliente y de este modo no se quemará las manos. Una vez que su masa no esté pegajosa y sea manejable deje de agregar agua, cubra con un trapo, plástico o servilleta, dejar reposar por 20 minutos.

Forme bolitas del tamaño de una pelota de golf y cubra con un plástico o un trapo húmedo, deje reposar por 30 minutos, espolvoree un poco de harina sobre la mesa y con el rodillo, extienda las bolitas de masa hasta tener una forma redonda y delgada.

Ponga a calentar un comal y trate de conservar la temperatura a fuego medio, vierta la tortilla sobre el comal, espere hasta que la tortilla tenga burbujas y voltee del otro lado, espere unos 20 segundos, voltee de nuevo, espere 10 segundos más y listo.

Meta las tortillas en una servilleta y luego en una bolsa para evitar que se hagan duras.

Frijoles de la olla

90 minutos
6 porciones

Ingredientes:

1 lb (450 g) frijol pinto
o de su preferencia
½ cebolla
1 cucharada de aceite
Sal al gusto

Limpie los frijoles verificando que no tengan piedras, lave muy bien con agua, póngalos en una olla con 5 litros de agua, la cebolla y el aceite, tape, una vez que rompa el hervor, baje a fuego medio. Cocine por 90 minutos, luego verifique que ya estén suaves, es muy importante que los frijoles queden suaves, en caso de no haber puesto suficiente agua se le agrega más pero el agua debe de estar hirviendo, nunca se le agrega agua fría. Por último, sazone con sal y apague.

En la olla express:

Limpie los frijoles verificando que no tengan piedras, lave muy bien con agua, se ponen en la olla express con 4 litros de agua, la cebolla y el aceite, tape, encienda el fuego, una vez que la olla haga presión, baje a fuego medio, cocine por 60 minutos y apague, enfríe la olla con agua fría en el chorro de agua, retire la perilla y ya que salió todo el vapor, con mucho cuidado destape la olla verifique que los frijoles estén cocidos, si están un poco crudos prenda el fuego y continúe cociendo hasta que estén suaves, por último sazone con sal.

Frijoles refritos

⌛ 30 minutos
10 porciones

Ingredientes:

6 tazas de frijoles de la olla con todo y su caldo (ver página 15)
5 chiles de árbol
½ cebolla picada
4 cucharadas de aceite
Sal al gusto

Forma # 1

Muela los frijoles con su caldo en la licuadora, ponga a calentar una cacerola con aceite y ya que esté caliente agregue primero los chiles de árbol, sofría un minuto, después agregue la cebolla, sofría por un minuto, vierta los frijoles molidos. Una vez que rompa el hervor, baje a fuego medio, cocine por 15 minutos más y hasta el último se sazona con sal, es muy importante que los frijoles estén un poco caldosos porque al momento que se enfríen se hacen más espesos. Quedan más ricos si utiliza manteca de cerdo en lugar de aceite.

Forma # 2

Ponga a calentar una cacerola con el aceite, una vez que esté bien caliente agregue los chiles de árbol y sofría por un minuto, después agregue la cebolla, sofría por un minuto y agregue los frijoles enteros con todo y el caldo. Cuando rompa el hervor baje a fuego medio y con un vaso de plástico o un aplastador, apachurre los frijoles, de esta manera quedarán un poco más enteros. Cocine por 15 minutos más y hasta el último se sazona con sal, es muy importante que los frijoles estén un poco aguados porque al momento que se enfríen se pondrán más espesos.

Tip: En caso de que los frijoles queden muy espesos, solo agregue agua y mezcle bien.

Caldillo de jitomate

⌛ **30 minutos**
6 a 8 porciones

Ingredientes:

2 jalapeños picados en rajas (opcional)
1 diente de ajo
1 cebolla chica fileteada
5 jitomates partidos en 4
½ cucharada de caldo de pollo en polvo
2 cucharadas de aceite
Sal al gusto

Ponga en la licuadora los jitomates, el ajo, el caldo de pollo en polvo y 2 tazas de agua, licúe bien y cuele.

Ponga a calentar una cacerola con el aceite, sofría la cebolla y los chiles por 2 minutos, luego vierta la salsa de jitomate, sazone con sal, cocine por 10 minutos más a fuego bajo, esto es para que la salsa se ponga un poco espesa, apague y sirva con chiles rellenos, calabazas rellenas o huazontles.

Caldo de pollo

90 minutos
6 porciones

Ingredientes:

2 lb (900 g) carne de pollo de su preferencia ya sea muslos, piernas o alas
1 manojo de cilantro o menta
½ cebolla
Sal al gusto

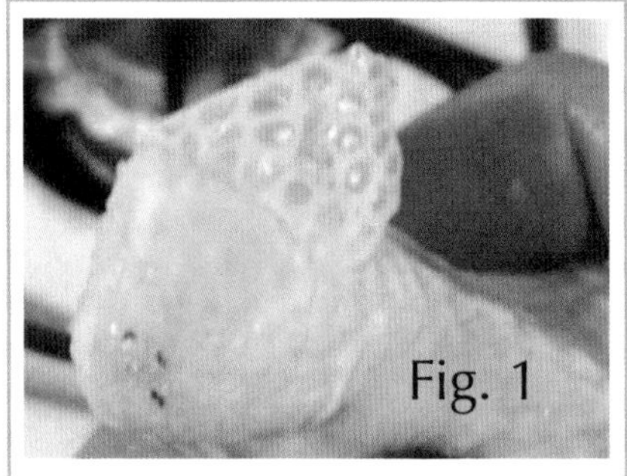

Fig. 1

Antes de lavar el pollo, verifique que no tenga plumas, puede quitarlas pasando el pollo en la lumbre de la estufa, hasta que se hayan quemado todas. También las piernas tienen una parte de color amarillo (fig. 1) esa parte también se pone en la lumbre y ya que esté quemada será fácil retirarla. Una vez bien que quitó las plumas y la parte amarilla de la pierna, lave muy bien.

En una olla ponga el pollo, el cilantro, la cebolla y una cucharada de sal, cubra con suficiente agua, el nivel de agua debe estar cubriendo la carne por completo. Prenda el fuego y cuando rompa el hervor baje a fuego medio. Cocine por 90 minutos o hasta que la carne esté cocida, por último verifique de sal y listo.

Este es un caldo básico para mole, tamales y muchas cosas más, pero si lo quiere como platillo, una hora después de que puso el pollo a cocinar agregue vegetales pelados y picados de su preferencia como, zanahoria, calabaza, chayote, ejotes, col, apio y papa. Así tendrá un platillo muy nutritivo, una vez ya listo lo puede acompañar con cebolla picada, cilantro picado, jalapeños picados y limón.

Maíz para nixtamal y pozole

Ingredientes:

1 kilo (35 oz) maíz para nixtamal
1 cucharada de cal

1.- En una olla de acero inoxidable o peltre, llene con 4 litros de agua, agregue la cal y cuando este hirviendo el agua agregue el maíz, mezcle bien cuando rompa el hervor baje a fuego medio y cocine por media hora o hasta que tome un maíz y se pueda pelar. Apague, deje remojando toda la noche y al día siguiente enjuague muy bien para eliminar la cal.

Para cocer el maíz para pozole es el mismo procedimiento lo único que cambia es el tipo de maíz. Se compra maíz pozolero y se cocina de la misma manera que el nixtamal.

Distintos tipos de maíz para pozole

Maíz pozolero:

Siga paso # 1, una vez que esté bien lavado se pone a cocer con bastante agua. Por 1 cantidad de maíz se ponen 5 de agua. Tarda un tiempo de 4 a 6 horas en reventar, eso depende del maíz.

Maíz mote:

Este maíz es el que comúnmente venden en Estados Unidos, en los supermercados lo venden en bolsas donde viene seco. Se pone en una olla se cubre con agua, cuando rompa el hervor se apaga. Cuando se enfría se le retira la cabeza uno por uno luego se cubre con agua limpia y se deja así remojando toda la noche. Al siguiente día, se lava muy bien y se pone en la olla donde se va a cocinar. Por 1 cantidad de maíz se ponen 5 de agua, tarda unas 4 horas en reventar.

Maíz al alto vacío:

Este maíz ya viene casi listo, solo se lava muy bien y si trae cabecitas se le retiran, se pone en la olla donde se va a cocinar. Por 1 cantidad de maíz se ponen 5 de agua, este tarda aproximadamente 3 horas en reventar.

Maíz de lata:

Este maíz ya está listo, como ya viene cocido no hay que cocinarlo, solo pase por un colador y lave muy bien. En caso de comprar de este maíz se cocina de diferente manera (ver página 113).

Cómo remojar los chiles

15 minutos

Retire la colilla de los chiles, las semillas y las venas.

Ponga los chiles en una cacerola chica, cubra con agua.

Espere a que rompa el hervor, apague y espere 10 minutos a que se remojen.

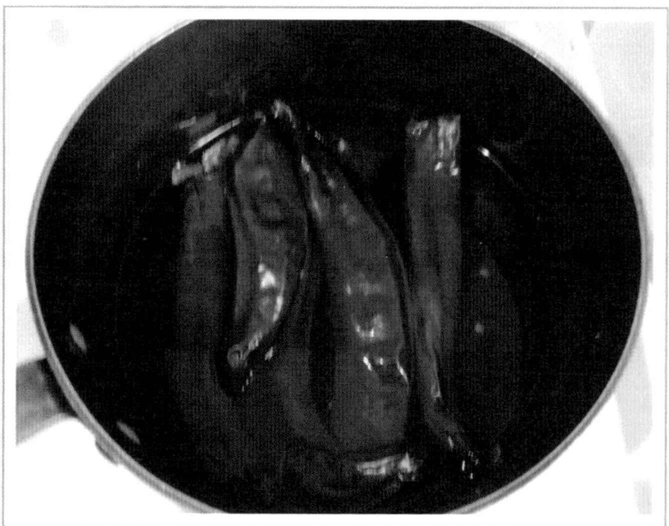

Aquí se puede ver cuando ya están remojados y listos para moler.

Cómo asar los chiles poblanos ⌛ **30 minutos**

Ponga en la lumbre de gas o parrilla eléctrica.

Ase por todos lados del chile, hasta que estén así.

Inmediatamente meta en una bolsa y cierre muy bien, deje sudar los chiles 10 minutos.

Pele los chiles con la mano, haga una abertura y retire las semillas.
Se recomienda usar guantes.

Cómo asar verdura

Ponga a calentar un comal, cuando esté caliente agregue la verdura.

En caso que tenga que asar chiles secos, ase por unos segundos a fuego bajo, para que no se quemen o amarguen.

Ase la verdura por todos los lados.

Así tiene que quedar, al momento de moler, es opcional retirar lo quemado, aunque no lo parezca, esta parte es muy rica en salsas o guisos.

Huevo para capear

15 minutos

Separe las claras de las yemas.

Empiece a batir las claras sin parar.

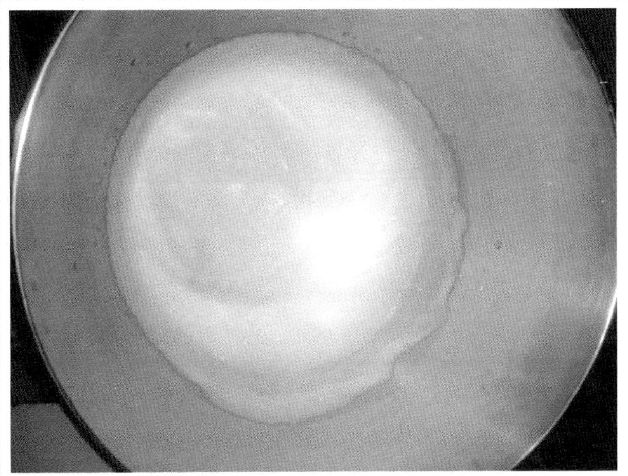

Hasta que tenga esta consistencia o bien llamada punto turrón

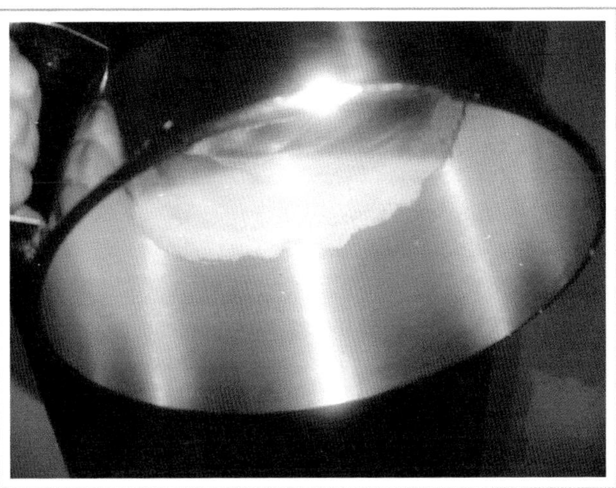

Voltee su refractario boca abajo, las claras no tienen que caerse.

Agregue las yemas y bata a velocidad baja para incorporarlas.

Bata hasta que se incorporen bien y listo.

Cómo pelar y cocinar nopales ⧖ **30 minutos**

Retire las espinas.

Corte la orilla de alrededor.

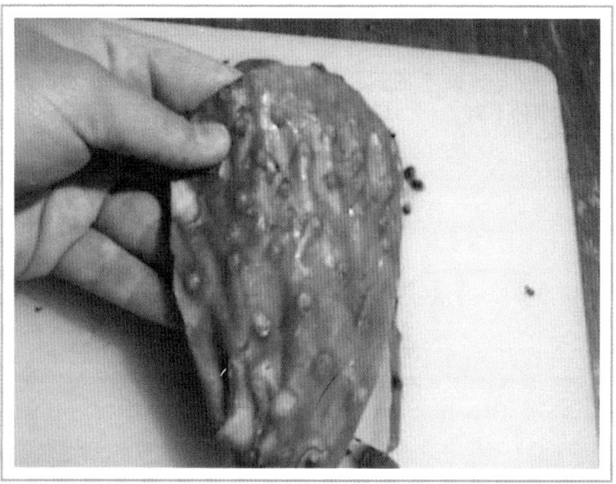

Corte en pedazos.

Ponga en una cacerola con agua y un poco de sal.

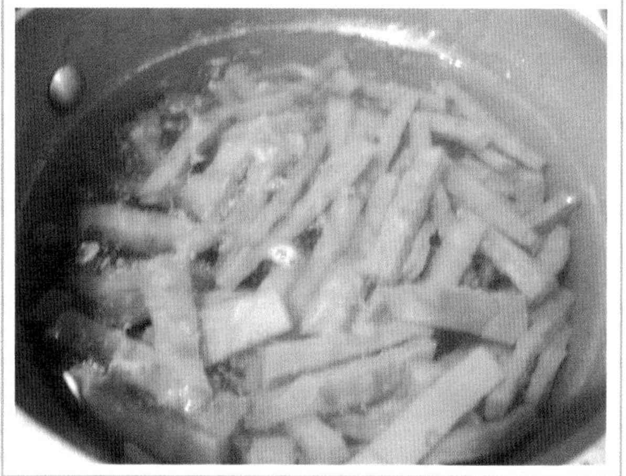

Cundo rompa el hervor, cocine por 5 minutos más.

Por último cuele, enjuague y listo.

Platos fuertes,

entradas y

antojos.

Huaraches estilo D.F.

60 minutos
5 porciones

Ingredientes:

4 tazas de masa para tortillas
(ver página 12)
3 tazas de frijoles de la olla sin caldo
(ver página 15)
½ lb (450 g) queso añejo, rallado o cotija
Cebolla picada
Aceite o manteca
Salsa de su preferencia
1 cucharadita de sal

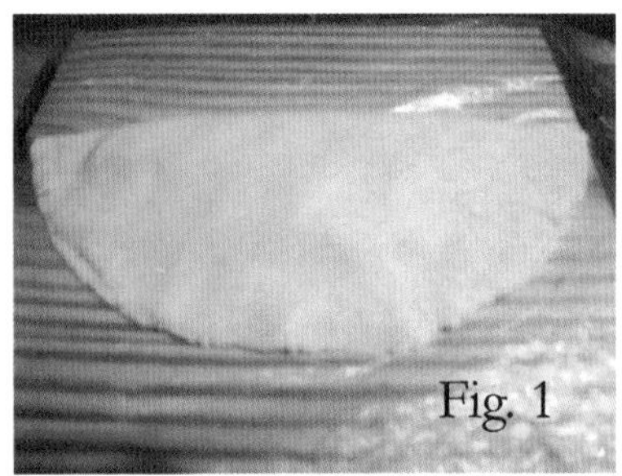

Fig. 1

Con un aplastador o un vaso, apachurre muy bien los frijoles sin caldo, hasta que tengan una consistencia espesa, verifique de sal.

Una vez que tenga lista la masa, agregue ¼ de taza de aceite e incorpore bien.

Tome una porción de masa, con sus manos amase dando forma ovalada y aplaste con la máquina de hacer tortillas, rellene con 1 cucharada de los frijoles tratando de ponerlos en medio, cierre la tortilla que va a tener una forma como de quesadilla, (fig. 1) se cubre con el plástico y con la mano empiece a darle forma aplicando presión, cuando esté lo más delgado posible, ponga a calentar un comal y mantenga el fuego alto, vierta el huarache en el comal caliente, espere un minuto y voltee, luego ponga encima un poco de aceite o manteca, espere un minuto y voltee de nuevo, ponga encima un poco de aceite o manteca, cocine hasta que se vean dorados, sirva acompañado de queso rallado, cebolla picada y una rica salsa. Un consejo, es ideal tener a alguien haciendo los huaraches y otra persona cocinando, si no, cuenta con ayuda, en lo que pasa el tiempo para ir volteando, puede ir haciendo más, así terminará más rápido.

Los puede acompañar con huevo, bistec, chorizo, cecina, salchicha o pierna.

Chilaquiles rojos

60 minutos
4 porciones

Ingredientes:

5 jitomates
1 chile guajillo
2 a 3 jalapeños
½ cebolla
1 diente de ajo
12 tortillas
1 ½ tazas de agua
1cucharada caldo de pollo en polvo
Aceite
Sal al gusto

Para servir:

½ lb (226 g) queso fresco
Crema mexicana o agria
Cebolla picada

Corte las tortillas en 4 y fría en abundante aceite caliente hasta que estén bien doradas, se van poniendo en un recipiente con toallas absorbentes. En un comal caliente ase los jitomates y los chiles (ver página 22), si lo desea retire lo quemado, pero si lo deja le dará más sabor a la comida; ponga lo que aso en la licuadora junto con la cebolla, el ajo y el agua, licúe.

Ponga a calentar una cacerola con 2 cucharadas de aceite, sofría la salsa de la licuadora, agregue el caldo de pollo en polvo, incorpore bien, sazone con sal, cuando rompa el hervor baje a fuego medio, agregue las tortillas doradas, poco a poco la salsa las irá absorbiendo, apague cuando los chilaquiles estén suaves.

Para servir adorne con queso, cebolla picada y crema, también se puede acompañar con frijoles refritos, arroz, huevo o bistec.

Tip: Para que las tortillas no absorban tanto aceite, se pueden dejar orear el día anterior, de esta manera se fríen más rápido y no absorben mucho aceite.

Enchiladas verdes

⌛ 120 minutos
5 porciones

Ingredientes:

Carne:

2 lb (900g) carne de pollo
½ cebolla
Un manojo de cilantro o menta
Sal al gusto

Salsa:

1 lb (900 g) tomates
2 jalapeños o serranos
½ cebolla
2 dientes de ajo
1 rama de epazote o cilantro
20 tortillas
Aceite para freír
2 tazas de caldo de pollo
Sal al gusto

Para servir:

Queso fresco
Cebolla y cilantro picado
Crema mexicana o agria

Compre la carne de su preferencia como pechuga o muslos; cocine la carne (ver página 18), espere a que enfríe y desmenuce.

Mientras ponga los tomates y los chiles en una cacerola, cubra con agua, cuando rompa el hervor, baje a fuego medio, espere 5 minutos, apague y cuele.

Ponga en la licuadora los tomates, los chiles, el caldo, la cebolla, el ajo y el cilantro o epazote, licúe.

Ponga a calentar una cacerola con 2 cucharadas de aceite, sofría la salsa, sazone con sal y cuando rompa el hervor baje a fuego muy bajo.

En un sartén con abundante aceite, fría las tortillas una por una, tienen que quedar en término medio, ni muy suaves ni muy duras, cuando termine de freír todas, tome una tortilla y con unas pinzas sumerja en la salsa, ponga en el plato a servir, tome una porción de carne y enrolle la tortilla con la carne adentro. Cuando tenga 4 o 5 tome un poco de salsa con una cuchara y vierta encima; por último sirva con queso fresco, cebolla, cilantro y crema.

Mixiotes

120 minutos
10 porciones

Ingredientes:

2 oz (57 g) chile chipotle
3 oz (90 g) chile ancho
3 oz (90 g) chile mulato
1 cebolla
3 dientes de ajo
3 clavos
1 pizca de comino
Hojas de laurel
Hojas de aguacate
½ taza de vinagre
10 piernas y 10 alas de pollo
2 tazas nopales cocidos (ver página 24)
Hojas de maguey o papel aluminio
Sal al gusto

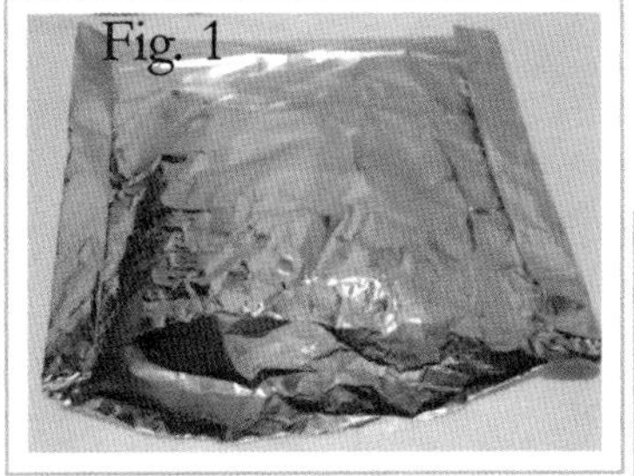
Fig. 1

Nota: Los mixiotes se pueden hacer también con carne de res, pavo, guajolote y chivo.

Retire la colilla y las semillas de los chiles excepto los chipotles, luego remoje (ver página 20). Una vez remojados, cuele los chiles, ponga en la licuadora junto con la cebolla, el ajo, los clavos, el comino, la mitad del vinagre y ½ taza de agua. Licúe muy bien trate de no agregar mucho líquido a la licuadora, esta mezcla debe quedar espesa, si fuera necesario agregar más, agregue en cantidades pequeñas.

En caso de no encontrar hojas de maguey vamos a preparar las bolsas de aluminio. Para cada mixiote corte 2 pedazos de 22 pulgadas (56 cm) tome 2 pedazos y doble por mitad, una vez doblado, doble por los lados unas 2 o 3 veces y listo. Ver fig. 1.

A la carne se le agrega el resto del vinagre y se deja que repose unos minutos, tome una hoja de maguey o en una bolsa de aluminio, coloque una pierna y un ala, cubra con la salsa, agregue un poco de nopales, una hoja de laurel y una de aguacate, si usa hojas de maguey, haga un nudo, si usa las bolsas de papel aluminio enrolle el papel por arriba. Coloque en una vaporera y cocine al vapor por 90 minutos o hasta que esté cocida la carne.

Mole

120 minutos

20 porciones

Ingredientes:

1 pollo
1 manojo de cilantro o menta
1 cebolla
2 lb (900g) costilla de cerdo
5 chiles anchos
5 chiles mulatos
5 chiles pasilla
5 chiles chipotle morita
5 chiles chipotle meco
¼ taza de ajonjolí
3 cucharadas de pasas
20 cacahuates pelados crudos
1 plátano macho maduro
20 galletas de animalitos o marías
1 pedazo chico de canela entera
1 pizca de anís
Aceite
Sal al gusto
Chocolate rallado al gusto

1.- Primero ponga a cocinar la carne de pollo (ver página 18), en otra cacerola ponga a cocinar la carne de cerdo, cubra con suficiente agua, agregue ½ cebolla y un poco de sal, cocine hasta que la carne esté suave.

2.- Retire la colilla y las semillas de los chiles excepto los chipotles, remoje (ver página 20).

3.- Mientras ponga un comal a calentar y tueste el ajonjolí, regularmente el ajonjolí viene crudo se puede dar cuanta que está crudo por su color blanco. Se pone a tostar, sin dejar de mover a fuego bajo, para saber cuándo está en su punto lo puede ir probando a la vez que lo está moviendo; luego que lo pruebe y tenga ese sabor tostado agregue un poco de sal, apague y reserve.

4.- En un sartén con ½ taza de aceite, ponga a freír el plátano macho cortado en rodajas, fría hasta que esté de color dorado; en el mismo sartén fría los cacahuates, hasta que tengan un color dorado, de igual modo fría las galletas, ponga todo esto en un plato, por último fría las pasas cuando se esponjen retire e inmediatamente agregue el anís, deje freír unos segundos y añada ½ taza de agua, apague, agregue esta agua a las pasas y el resto de los frituras, reserve.

Ya que esta la carne cocida, los chiles remojados y las frituras es hora de licuar. Primero ponga a moler el ajonjolí y la canela con 2 tazas de agua, luego agregue las frituras y las pasas con todo y agua, licúe muy bien por unos 5 minutos. Asegúrese que se vea todo bien incorporado, si hace falta más agua añada más, usará al menos 3 o 4 tazas de agua, casi hasta cubrir el vaso, procure licuar muy bien el ajonjolí. Ahora divida los chiles en 2 partes; ponga una parte en la licuadora, licúe con 3 tazas de agua, prenda la licuadora y agregue agua casi hasta arriba de su vaso, licúe muy bien, ponga está mezcla en un refractario, repita con el resto de los chiles, esta mezcla no se debe colar.

En un refractario grande, mezcle la salsa de ajonjolí y las del chile molido.

Nota: Estas cantidades están calculadas para obtener un vaso de licuadora de la salsa de ajonjolí y 2 licuadoras de chile molido, esa es la regla, por cada 1 medida de salsa de ajonjolí molido lleva 2 de chile molido, tome eso en cuenta para cuando tenga que hacer mole con diferentes cantidades o para más porciones.

Ponga a calentar una olla grande para todo el mole junto con la carne y su caldo, agregue ½ taza de aceite, cuando esté caliente el aceite vierta el mole, agregue el pollo con su caldo y la carne de cerdo con su caldo, cuando rompa el hervor baje a fuego bajo, sazone con sal, al gusto, si lo prefiere agregue chocolate molido, eso ya depende de su gusto.

Deje que su mole hierva a fuego muy bajo por 1 hora para que los sabores se mezclen bien, al día siguiente el mole sabe mejor, si se deja afuera por mucho tiempo se hecha a perder por eso le recomiendo hacerlo ya bien noche o de madrugada, porque al momento de recalentar sabrá mucho mejor.

Procedimiento en caso de vivir en México o tener un molino.

Siga los primeros 4 pasos de arriba. Ya que está la carne cocida, los chiles remojados y los ingredientes que frió, se lleva todo esto al molino, a los chiles se les retira el agua y en otro refractario mezcle las frituras con las pasas y el agua de anís, en el agua de las pasas esta el sabor del anís por eso es importante revolver y no tirarla, lleve esto al molino, donde muelen masa de nixtamal ahí lo puede llevar a moler y obtendrá una pasta.

Para preparar la pasta es más fácil ya que no hay que moler tanto, solo se pone una olla de buen tamaño para el mole y la carne, ponga a calentar ½ taza de aceite y fría la pasta, ya que está frita agregue caldo poco a poco, es muy importante no pasarse de caldo, para que el mole no este muy líquido, por eso agregue poco a poco si llegara a acabarse el caldo y el mole sigue aún muy espeso.

Ponga a calentar agua en una cacerola, agregue caldo de pollo en polvo, 1 cubo o 1 cucharada por cada litro de agua, mezcle bien para que se desbarate, este es un buen sustituto para el caldo de pollo, una vez que el mole tiene la consistencia deseada, cuando empiece a hervir baje a fuego bajo, sazone con sal, al gusto, si lo prefiere agregue chocolate molido, eso ya depende de su gusto. Cocine por 1 hora más a fuego muy bajo, para que los sabores se mezclen bien.

Pambazos

⌛ **90 minutos**

Ingredientes:

Para el relleno:

1 lb (450g) chorizo o longaniza
2 lb (900 g) papas rojas
1 cucharada de aceite
Sal al gusto

Para los pambazos:

6 chiles guajillos remojados (ver página 20)
1 diente de ajo
½ cebolla
10 panes para pambazo o bolillos
Aceite

Para preparar:

Crema mexicana o agria
Lechuga picada
Queso rallado

Ponga las papas en una cacerola cubra con agua y agregue 1 cucharada de sal; cocine hasta que las papas estén suaves, aproximadamente 50 minutos. Para ver si ya están listas meta un tenedor y si entra fácil ya están, saque las papas, deje enfriar, retire la cáscara y apachurre con un aplastador.

Ponga a calentar una cacerola con 1 cucharada de aceite, sofría el chorizo, una vez esté cocinado, agregue las papas, incorpore muy bien, verifique de sal. Reserve.

Vacíe en la licuadora los chiles remojados, el ajo, la cebolla y ¾ taza de agua, licúe muy bien; vierta la salsa en una plato hondo a donde pueda meter un pan. Caliente un sartén con 4 cucharadas de aceite, tome un pan, bañe con la salsa escurra el exceso y ponga en el sartén con aceite a dorar; dore muy bien por los 2 lados y ponga en un plato con servilletas absorbentes, repita hasta terminar todo el pan. Para preparar corte el pan por mitad, ponga crema en ambos lados, rellene con el guisado de papas, lechuga, queso y salsa al gusto.

Nopales con chorizo

45 minutos
5 porciones

Ingredientes:

2 lb (900 g) nopales
1 lb (450 g) chorizo o longaniza
1 cebolla picada en rajas
2 jalapeños picados en rajas
3 chiles de árbol picados
1 cucharada de aceite
Sal al gusto

Para preparar los nopales (ver página 24).

Ponga a calentar una cacerola con el aceite, agregue el chorizo, la cebolla, los jalapeños y los chiles de árbol, sofría hasta que el chorizo esté cocido, agregue los nopales, sazone con sal, incorpore bien, cocine por 5 minutos más, apague y listo.

Tortas

⌛ 30 minutos
4 porciones

Ingredientes:

1 lb (450 g) Carne ya cocinada de su preferencia: como chorizo, milanesa de res o pollo, cecina, carne enchilada, jamón, salchicha
4 Bolillos o teleras
Mantequilla
1 Aguacate
Mayonesa
8 oz (225g) queso oaxaca deshebrado
Lechuga rebanada
1 jitomate rebanado
Chiles en vinagre
½ taza frijoles refritos
(ver página 16)

Parta el bolillo por mitad. Caliente un comal, unte un poco de mantequilla en la parte de adentro de ambos lados del bolillo, ponga en el comal caliente y tueste el pan por un momento, luego en la parte de arriba unte la mayonesa. También agregue lechuga, aguacate, jitomate y chiles; en la parte de abajo ponga una capa de frijol, el queso y la carne de su preferencia, cierre la torta juntando las 2 partes, parta por mitad y listo.

Mollejas a la mexicana

⌛ 90 minutos
4 porciones

Ingredientes:

2 lb (900g) mollejas limpias
Unas ramas de cilantro
½ cebolla
3 jitomates picados
2 jalapeños picados
½ cebolla picada
2 cucharadas de aceite
Sal al gusto

Limpie bien la mollejas, hay que quitarles un pellejo de color amarillo, luego lave y ponga a cocer, con el cilantro y la cebolla (ver página 18), el tiempo varía, pero pueden tardar de 60 a 80 minutos, cocine hasta que estén suaves, cuele.

Ponga a calentar un sartén con aceite, sofría primero los chiles y la cebolla por 1 minuto, por último el jitomate, sazone con sal, sofría por 1 minuto, vierta las mollejas, incorpore bien y cocine por 3 minutos más.

Chiles rellenos de atún

90 minutos
5 porciones

Ingredientes:

10 jalapeños de tamaño grande
½ cebolla
1 diente de ajo picado
2 jitomates picados
2 latas de atún en agua
2 ramas de cilantro picado
6 oz (170 g) queso para fundir rallado
2 cucharadas de aceite
Sal y pimienta al gusto

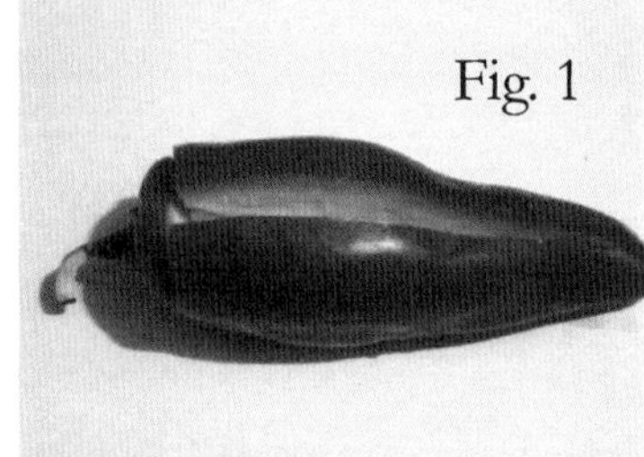

Fig. 1

Tome un chile y haga un corte en forma de T (Fig. 1) retire las semillas y las venas con la ayuda de una cuchara, repita hasta terminar todos los chiles, luego ase los chiles (ver página 21). Una vez asados y pelados, vamos a preparar el relleno.

Ponga a calentar el aceite, sofría la cebolla y el ajo picado, por 1 minuto, agregue el jitomate, sazone con sal y pimienta, sofría por 2 minutos; añada el atún sin el agua, cocine por 2 minutos más y apague, por último agregue el cilantro picado e incorpore bien.

Tome un chile y rellene con el guisado de atún, repita hasta terminar de rellenar todos.

Ponga los chiles en un refractario para hornear, por último espolvoree el queso encima de los chiles y meta al horno precalentado a 350° F o 180° C, por 10 minutos solo para gratinar el queso, sirva acompañado de arroz.

Chiles poblanos al horno

⌛ 70 minutos
5 porciones

Ingredientes:

10 chiles poblanos
1 lb (450 g) queso oaxaca
1 cebolla picada en rajas
2 cucharas de aceite
Pizca de orégano
Sal al gusto

Primero hay que asar y pelar los chiles (ver página 21).

Una vez asados y pelados, rellene los chiles con el queso, ponga todos los chiles en un refractario para hornear, vierta el aceite encima de los chiles, ponga por encima la cebolla picada, espolvoree orégano y sal al gusto. Tape el refractario con papel aluminio y hornee a 350° F o 180° C, por 30 minutos, retire del horno y sirva.

Chiles rellenos

90 minutos
5 porciones

Ingredientes:

Para los chiles:

10 chiles poblanos
1 lb (450 g) queso oaxaca, fresco o cotija
6 huevos
½ taza de harina
Hilo para amarrar o palillos

Para la preparación del caldillo (ver página 17)

Primero hay que asar y pelar los chiles poblanos (ver página 21).

Una vez asados y pelados, tome un chile y ponga un pedazo de queso por adentro, amarre con un hilo o cierre con un palillo, espolvoree bastante harina a los chiles. Reserve.

Prepare el huevo para capear (ver página 23).

Ponga a calentar un sartén con abundante aceite y cuando esté caliente, baje a fuego medio, cubra un chile con el huevo, ya sea agarrando con la mano o con unas pinzas, retire el exceso de huevo y fría por los 2 lados; ponga los chiles en servilletas absorbentes para retirar el exceso de grasa. Continúe así hasta terminar de freír todos los chiles. Los puede freír de 1 en 1 o en pares, trate de conservar el aceite a fuego medio.

Para servir los chiles caliente el caldillo y agregue los chiles al caldillo por un momento o puede poner los chiles en un plato y poner encima el caldillo caliente, eso es al gusto de cada persona; puede acompañar con arroz.

Enchiladas suizas

⌛ 120 minutos
5 porciones

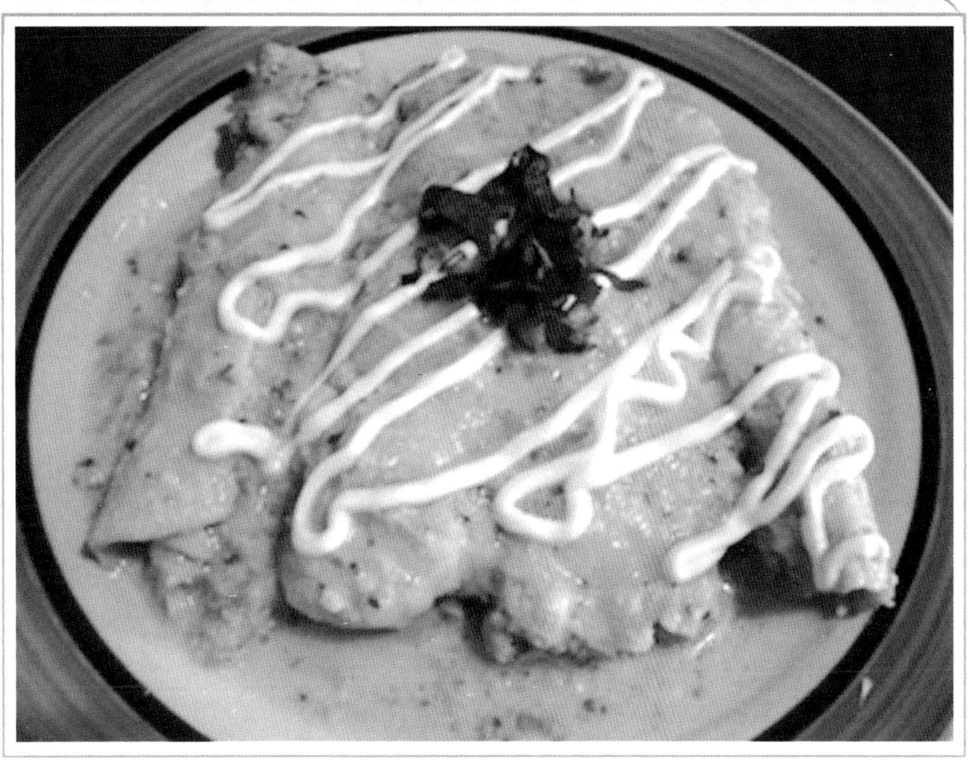

Ingredientes:

Para la carne:

2 lb (900 g) carne de pollo
½ cebolla
Unas ramas de cilantro
Sal al gusto

Para la salsa:

1 lb (450 g) tomates
2 jalapeños o serranos
½ cebolla
1 diente de ajo
2 ramas de cilantro
3 cucharadas de crema
1 ½ taza caldo de pollo
25 tortillas
8 oz (225 g) queso suizo rallado
Aceite
Pimienta al gusto
Sal al gusto

Ponga a cocinar la carne (ver página 18). Cuando la carne esté cocida, saque, déjela enfriar y deshebre.

Pele los tomates y los chiles, lave muy bien luego ponga en una olla y cubra con agua, prenda el fuego, cuando rompa el hervor cocine por 2 minutos más, apague y cuele.

Vacíe en la licuadora, los tomates, los chiles, la crema, el ajo, el cilantro, la cebolla y el caldo. Licúe.

Ponga a calentar una cacerola con 2 cucharadas de aceite y sofría la salsa, sazone con pimienta y sal al gusto; cuando rompa el hervor baje a fuego muy bajo, para conservarla caliente mientras fríe las tortillas. Fría las tortillas en abundante aceite, no deben quedar muy duras ni muy suaves y ponga en papel absorbente, luego tome una tortilla y ponga un poco de carne de pollo, enrolle la tortilla creando una enchilada; vaya acomodando las enchiladas en un refractario para horno, repita hasta enrollar todas. Vierta la salsa hasta cubrir las enchiladas por completo y espolvoree todo el queso por encima; meta al horno precalentado a 350° F o 180° C por 20 minutos y sirva.

Birria de res

⌛ 120 minutos
10 porciones

Ingredientes:

Para la carne:

8 lb (3.6 kilos) Carne de res de preferencia de la parte del cuello de la res o retazo
10 chiles guajillos
3 chiles anchos
4 dientes de ajo
1 ½ cebolla
10 hojas de laurel
3 cucharaditas orégano
2 cucharaditas de tomillo
4 clavos de olor
Sal al gusto

Para la salsa:

1 lb (450 g) jitomates
¼ lb (220 g) tomates
10 chiles de árbol
2 hojas de laurel
1 lata pequeña puré de jitomate
Una pizca de orégano
½ cebolla
1 diente de ajo
½ taza de consomé
Sal al gusto

Para acompañar los tacos y el consomé:

Cilantro picado
Cebolla picada
Limones

Lave la carne, ponga en una olla y cubra con agua; el nivel del agua debe de estar un poco más arriba que la carne, unos 4 centímetros más arriba. Prenda el fuego, agregue la cebolla entera, el tomillo, el orégano, 2 cucharadas de sal y el laurel.

Mientras retire la colilla y las semillas a los chiles, luego remoje (ver página 20).

Ponga en la licuadora los chiles remojados, ½ cebolla, los clavos y los ajos, licúe muy bien y cuando la olla de la carne rompa el hervor, vierta la salsa de la licuadora. Cocine a fuego medio por 2 horas hasta que la carne esté cocida, y verifique la sal.

La birria se puede servir de 2 formas: se sirve un poco de consomé y se le pica carne o se pica la carne y se sirve en tacos. A continuación vamos a preparar la salsa para los tacos.

Lave bien los jitomates y tomates, ponga en una cacerola junto con los chiles de árbol y las hojas de laurel, cubra con agua, cuando rompa el hervor baje a fuego medio y cocine por 5 minutos más, apague y cuele.

Ponga todo esto en la licuadora, retire las hojas de laurel, agregue la cebolla, el ajo, el orégano y la ½ taza de consomé donde se cocinó la carne; licúe bien, ponga una cacerola a calentar con 1 cucharada de aceite y sofría la salsa, agregue la lata de puré, sazone con sal al gusto, cuando rompa el hervor apague.

Quesadillas al comal o fritas  **45 minutos**

Existen tres formas de hacer quesadillas, cada una tiene un sabor distinto, haga la prueba para ver cuál le gusta más.

Para rellenar las quesadillas, puede usar también, queso oaxaca quedan muy ricas si le agrega hojas de epazote o flores de calabaza, también se pueden rellenar con hongos (ver página 45), chicharrón prensado (ver página 121).

Trate de no poner demasiado relleno, ya que eso puede provocar que al momento de freír, se pueda abrir y el aceite saltará por todos lados.

Tome una porción de masa y haga una forma ovalada.

Aplaste hasta tener un grosor de 2 mm (2/8 pulgada).

Ingredientes:

Masa (ver página 12)
Tinga (ver página 44)
Aceite o manteca

Para servir:

Crema
Lechuga picada
Queso rallado
Salsa

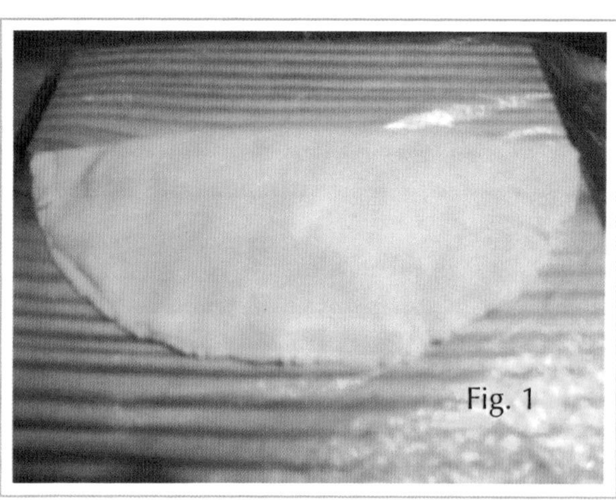

Forma # 1

Siga los pasos 1 y 2, ponga la tortilla en el comal caliente, espere un minuto, voltee y espere otro minuto, luego ponga un poco de tinga y cierre, puede dejarlo así sin aceite o puede ponerle un poco y quedará más dorada. Cocine por 1 lado, luego voltee y cocine del otro lado, hasta que la masa esté cocida. Sirva con crema, lechuga, queso rallado y salsa.

Forma # 2

Siga los pasos 1 y 2, ponga un poco de tinga en medio de la quesadilla cruda, cierre uniendo por los lados (Fig. 1) tratando de que en las orillas quede bien cerrada. Ponga en el comal caliente, vierta un poco de aceite encima de la quesadilla, cocine por 2 minutos voltee y agregue un poco más de aceite; después de la segunda vez que se voltea ya no agregue aceite, pero continué volteando hasta que la quesadilla esté cocida. Abra por en medio y sirva con crema, lechuga, queso rallado y salsa.

Forma # 3

Siga los pasos 1 y 2, ponga un poco de tinga en medio de la quesadilla cruda, cierre uniendo por los lados (Fig. 1) tratando de que en las orillas quede bien cerrada; ponga a calentar un sartén con abundante aceite, cuando esté caliente, baje a fuego medio y vierta con mucho cuidado la quesadilla, fría volteando de vez en vez, para que se cocine bien por los 2 lados, retire del aceite, escurra, abra con un cuchillo por en medio y sirva con crema, lechuga, queso rallado y salsa.

Tinga de pollo

⌛ **120 minutos**

Ingredientes:

Para cocer el pollo:

5 muslos de pollo o 2 pechugas
½ cebolla
Unas ramas de cilantro
Sal al gusto

Para la tinga:

5 jitomates picados
3 chiles chipotles adobados picados
1 cebolla picada
2 cucharadas de aceite
Sal al gusto

Primero ponga a cocer el pollo (ver página 18), deje enfriar y deshebre.

Ponga a calentar un sartén con el aceite, sofría la cebolla y los jitomates por 5 minutos a fuego bajo; agregue la carne de pollo deshebrado, cocine por 5 minutos más, agregue los chiles chipotles, sazone con sal, incorpore bien y listo.

Con la tinga puede hacer quesadillas, gorditas, tacos dorados, tacos de canasta y tostadas.

Hongos

⌛ **30 minutos**

Ingredientes:

2 lb (900 g) hongos
½ cebolla picada
1 jalapeño picado
2 cucharadas de epazote picado
Sazonador en polvo
2 cucharadas de aceite
Sal al gusto

Lave los hongos rápidamente o limpie con un trapo húmedo, absorben bastante agua, por eso es preferible limpiarlos.

Ponga a calentar una cacerola con aceite, agregue la cebolla, los chiles y el epazote, agregue un poco de sazonador y deje sofreír por 2 minutos, después agregue los hongos, sazone con sal, tape la cacerola y cocine de 7 a 10 minutos, hasta que los hongos estén cocidos.

Con estos hongos puede hacer quesadillas, gorditas o simplemente sirva con arroz.

Picadillo de res

⌛ 60 minutos
6 porciones

Ingredientes:

2 lb (900 g) carne molida de res
3 papas peladas y picadas
2 zanahorias peladas y picadas
6 jitomates partidos en 4
1 cebolla picar la mitad finamente
1 diente de ajo
2 jalapeños en rajas
1 pizca de comino
2 hojas de laurel
3 cucharadas de aceite
Sal al gusto

Les quiero comentar que pueden usar las verduras que ustedes gusten, también hay bolsas de verdura mixta que es chícharo, elote y zanahoria. También así queda muy rico.

Ponga en la licuadora los jitomates, la cebolla partida por mitad, el ajo, la pizca de comino y dos tazas de agua, licúe muy bien.

Caliente una cacerola con el aceite, sofría la cebolla picada y los jalapeños por un minuto, agregue la carne molida y cocine hasta que todo el jugo de la carne se haya consumido; luego vierta la salsa de jitomate, las hojas de laurel y agregue todas las verduras. Sazone con sal, una vez que rompa el hervor, baje a fuego medio, tape y cocine por 20 minutos, hasta que todo esté bien cocido, verifique de sal, apague. Sirva con arroz.

Tacos dorados

45 minutos
5 porciones

Ingredientes:

1 lb (450 g) jamón o carne deshebrada de pollo
½ lechuga picada
Crema mexicana o agria
Queso rallado
1 jitomate en rebanadas
Salsa de su preferencia
25 tortillas
Aceite para freír

Si viven en Estados Unidos tendrán que calentar las tortillas en un comal o en el microondas, solo por unos segundos hasta que queden manejables; si viven en México no hay problema solo basta ir a la tortillera y comprar calientes; una vez calientes las tortillas se les pone una rebanada de jamón o carne de pollo, se enrollan y se ponen con la punta hacia abajo o se les pone un palillo, repita hasta enrollar todos.

Ponga a calentar un sartén con abundante aceite y fría los tacos hasta que estén bien crujientes. Se sirven con lechuga, crema, queso rallado, rebanadas de jitomate y salsa al gusto; también se pueden hacer de tinga, salchicha, papa, barbacoa y queso.

Tortitas de pollo en salsa verde

120 minutos
6 porciones

Ingredientes:

Para la salsa:

1 lb (450 g) tomates
2 jalapeños
½ cebolla
1 diente de ajo
1 ½ tazas de caldo de pollo
2 chilacayotes o 2 calabazas picadas
Una rama de epazote
2 cucharadas de aceite
Sal al gusto
Aceite necesario

Para las tortas:

10 muslos de pollo cocidos (ver página 18)
Unas ramas de cilantro
½ cebolla
3 huevos
1 jalapeño finamente picado
½ cebolla finamente picada
Pimienta molida
Sal al gusto

Primero haremos la salsa, en una cacerola ponga los tomates y los chiles jalapeños, cubra con agua y cuando rompa el hervor deje por 2 minutos más, apague, cuele y ponga en la licuadora con la cebolla, el ajo, el epazote y el caldo de pollo, licúe muy bien, reserve.

Ahora haremos las tortitas. En un refractario ponga la carne de pollo y deshebre, agregue el chile picado, la cebolla, pimienta al gusto y los huevos, incorpore bien y reserve.

Ponga a calentar una cacerola con 2 cucharadas de aceite, sofría la salsa, sazone con sal. Cuando rompa el hervor agregue los chilacayotes, baje a fuego muy bajo, cocine por 5 minutos más y apague.

Para las tortitas: ponga un sartén con abundante aceite y con una cuchara sopera tome una porción de pollo y fríalo con aceite caliente; fría en tandas de 4, fría las tortas por los 2 lados, hasta que estén bien crujientes y ponga en papel absorbente; continúe hasta que termine de freír todas las tortas. Cuando termine puede verter las tortitas en la salsa o puede poner en un plato la salsa y luego las tortitas por encima, de este modo quedaran más crujientes, sirva con arroz o solas.

Milanesas empanizadas

30 minutos
4 porciones

Ingredientes:

1 lb (450 g) bistec de res delgado
2 huevos
2 ½ tazas de pan molido
1 cucharadita de Sazonador en polvo
1 pizca de pimienta molida
Aceite
Sal al gusto

Mezcle el pan molido con el sazonador, la pimienta y la sal.

Bata los huevos en un plato profundo.

Tome un bistec, pase por el huevo, retire el exceso y cubra con el pan molido, aplicando presión o dando golpes a la carne para que se cubra muy bien con el pan, esto para que al momento de freír no se le caiga.

Ponga a calentar un sartén con abundante aceite y cuando esté caliente baje a fuego medio, fría por ambos lados, hasta que la carne esté cocinada a su gusto.

Tortas de papa

⌛ 90 minutos
6 porciones

Ingredientes:

24 oz (700 g) papas rojas
10 tiras de tocino
6 rebanadas de jamón picado
2 huevos
4 oz (115 g) queso cotija o añejo rallado
Harina necesaria
Sal al gusto

Ponga las papas en una olla y cubra con agua, agregue 1 cucharadita de sal; cuando rompa el hervor, baje a fuego medio y cocine por 30 minutos o hasta que estén cocidas, puede hacer la prueba introduciendo un tenedor, si entra fácilmente ya están, es mejor que las papas se pasen un poco de cocidas.

Mientras ponga un sartén a calentar y dore el tocino, hasta que esté crujiente, ponga en una servilleta absorbente y luego pique finamente.

Una vez cocidas las papas se pelan y se apachurran con un aplastador, después agregue los huevos, el queso, el tocino y el jamón, incorpore bien; tome una porción de papa, haga la forma redonda y presione, para que las tortas queden un poco gruesas, para que no se desbaraten. En un plato ponga un poco de harina y cubra por completo las tortas, retire el exceso de harina, termine de enharinar todas sus tortas. Ponga a calentar un sartén con abundante aceite, fría de los 2 lados a fuego medio, ponga en servilletas absorbentes a que escurran, sirva con ensalada.

Rajas poblanas con crema

⌛ 45 minutos
5 porciones

Ingredientes:

2 lb (900 g) pechuga de pollo picada en cuadros chicos
5 chiles poblanos asados y picados (ver página 21)
8 oz (225 g) crema mexicana o agria
1 cebolla en rajas
1 cucharadita de sazonador en polvo
3 cucharadas de aceite
Sal al gusto

Ponga a calentar una cacerola con el aceite, sofría la cebolla por un minuto, agregue el pollo, el sazonador y un poco de sal.

Sofría a fuego medio moviendo constantemente hasta que el pollo esté cocido, agregue los chiles poblanos picados, verifique de sal. Continúe cocinando por 5 minutos, apague. Agregue la crema, incorpore bien y sirva.

Torta azteca

⌛ 60 minutos
6 porciones

Ingredientes:

8 oz (200 g) tomates
1 ramita cilantro o epazote
¼ cebolla
1 diente de ajo
3 jalapeños
2 tazas frijoles refritos
(ver página 16)
12 oz (350 g) queso para
gratinar como
oaxaca o chihuahua rallado
1 lb (450 g) chorizo o longaniza
24 tortillas
Aceite para freír
Sal al gusto

En una cacerola ponga los tomates y los jalapeños cubra con agua, cuando rompa el hervor, baje a fuego medio; cuando cambie de color apague, cuele. Ponga esto en la licuadora con la cebolla, el ajo, el cilantro, ½ taza de agua, licúe y sazone con sal.

Ponga a freír el chorizo en un sartén hasta que esté cocido.

En un sartén con abundante aceite, fría las tortillas, una por una, deben de quedar de un término medio, ni muy suaves ni muy duras, vaya poniendo en un plato en toallas absorbentes.

Al momento de repartir, divida los frijoles, el chorizo, la salsa y el queso en 4 partes iguales.

En un refractario de aluminio o vidrio para meter al horno, acomode 6 tortillas, luego ponga una capa de frijoles refritos, una parte de salsa verde, una parte de chorizo y una parte de queso, vuelva a poner otras 6 tortillas y repita hasta que termine con 4 capas de tortillas.

Tape su refractario con aluminio, meta al horno precalentado a 350° F o 180° C por 30 minutos, sirva.

Plato ranchero

45 minutos
6 porciones

Ingredientes:

4 chiles jalapeños sin semillas
1 lb (450 g) cecina
1 lb (450 g) chorizo
1 manojo de cebollas de cambray
6 nopales pelados
3 tazas frijoles refritos (ver página 16)
1 lb (450 g) queso fresco en trozos

Para hacer este platillo se ocupan 2 sartenes para que todo se cocine y termine a la vez, primero tome un nopal y haga unas cortaduras a lo largo, las cebollas solo se limpian retirando la primera capa y corte la parte de arriba.

Ponga a calentar 2 sartenes con un poco de aceite, en uno ponga los chiles, las cebollitas y los nopales, sazone con sal; en el otro ponga la carne. Utilice unas pinzas para mover todo para que no se queme. Cuando todo esté cocido, ponga en uno de los sartenes donde tenga espacio, el queso y deje que se dore volteando por todos lados.

Sirva un poco de cada cosa al gusto, acompañe con un poco de frijoles refritos y tortillas calientes.

Tortas de camarón

60 minutos
6 porciones

Ingredientes:

6 claras
6 yemas
7 oz (200 g) camarón seco
10 guajillos
6 jitomates
1 diente de ajo
½ cebolla
2 tazas de nopales cocidos y picados (ver página 24)
Aceite necesario
Sal al gusto

Tueste el camarón en un comal, divida en dos partes, una de las partes se licúa, hasta que esté hecha polvo y la otra parte reserve.

Retire la colilla y las semillas de los chiles, luego remoje (ver página 20).

Para hacer el huevo para capear, siga las instrucciones en la página 23. Después mezcle el camarón molido con el huevo.

Ponga a calentar un sartén con abundante aceite. Con una cuchara sopera tome el huevo vierta al aceite formando las tortas, fría de los 2 lados; ponga las tortas en servilletas absorbente. Cuando haya terminado de hacer todas las tortas que salgan de la mezcla, ponga en la licuadora los jitomates, los chiles, el ajo, la cebolla y 2 tazas de agua, licúe muy bien.

Por último ponga a calentar una cacerola con 1 cucharada de aceite y sofría la salsa. Cuando rompa el hervor, baje a fuego bajo; agregue los nopales y el resto de los camarones. Cocine por 10 minutos más, sazone con sal, apague.

Para servir, puede meter las tortas a la salsa por un momento o puede servir un poco de salsa en un plato y dejar las tortas por encima.

Cochinita pibil

180 minutos
8 porciones

Ingredientes:

Para la carne:

Hojas de plátano o papel aluminio
4 dientes de ajo
1 cucharada de sal
½ barra de achiote
1 pizca de tomillo
1 pizca de orégano
2 clavos
6 pimientas
3 hojas de laurel
4 lb (1.8 kilos) pierna de cerdo
1 taza jugo naranja agria o
½ taza jugo de naranja + ½ taza
jugo de limón

Cebolla desflemada:

3 chiles habaneros
2 cebollas moradas o rojas
1 limón
Sal al gusto

Las hojas de plátano se pasan por un comal caliente para que se suavicen hasta tener las necesarias para envolver la carne, si no las encuentra, use papel aluminio; ponga varias capas en un refractario para el horno, acomode a modo que las hojas salgan del refractario para al último pueda envolver bien la carne.

Lave y pique la carne en trozos medianos del tamaño de un limón, ponga la carne en el refractario previamente forrado, ponga en la licuadora el resto de los ingredientes, licúe bien y agregue a la carne, deje reposar toda la noche o al menos 4 horas.

Hornee a 400° F o 205° C, de 3 a 4 horas hasta que la carne se esté deshaciendo. Por último desmenuce la carne con la ayuda de 2 tenedores, sirva con la cebolla desflemada y chile habanero en rajas y tortillas.

Para preparar la cebolla desflemada, pique el chile habanero y la cebolla en rodajas, agregue el jugo de 2 limones, sal al gusto, mezcle y espere 15 minutos.

Enchiladas potosinas

⌛ 60 minutos
4 porciones

Ingredientes:

Relleno # 1

12 tomates medianos
4 chiles jalapeños o serranos
1 diente de ajo

El Relleno # 2

2 papas rojas picadas en cuadros
2 zanahorias picadas en cuadros
½ cebolla picada
2 jalapeños en rajas
4 oz (115 g) chorizo o longaniza
Aceite para freír
Sal al gusto

Para la masa:

5 guajillos remojados
(ver página 20)
2 tazas de harina de maíz para tortillas
Agua tibia necesaria
1 diente de ajo
½ cebolla
Una pizca de sal

Para servir:

Crema
Queso rallado
Cebolla picada

Nota: En esta receta hay 2 rellenos diferentes y las cantidades para la masa solo alcanza para 1 relleno, si desea hacer de los 2 rellenos y que le alcance la masa, duplique las cantidades de la masa y listo.

Procedimiento relleno # 1

Ase los tomates, los chiles y el ajo (ver página 22).

Una vez que estén asados ponga todo en la licuadora, muela. Generalmente no se ocupa agua, pero si nota que la licuadora no quiere moler, solo agregue muy poca, sazone con sal.

Procedimiento relleno # 2

Ponga en una cacerola las papas y las zanahorias, cubra con agua y agregue una pizca de sal, cuando rompa el hervor baje a fuego medio; cocine por 10 minutos o hasta que estén suaves, ni muy cocidas ni muy duras. Ya que estén listas pase por un colador para retirar el líquido, ponga a calentar un sartén con 2 cucharadas de aceite, sofría la cebolla picada y los chiles jalapeños, por 2 minutos, luego agregue el chorizo o longaniza; trate de desbaratarlo con la cuchara y cocine por 10 minutos más, luego agregue las verduras, mezcle muy bien, sazone con sal, apague cuando todo esté cocido.

Ponga en la licuadora los chiles guajillos remojados, ½ cebolla, 1 taza de agua y el ajo, licúe muy bien, reserve.

Ponga la harina de maíz en un refractario y con la ayuda de un colador fino agregue el chile guajillo molido, mezcle muy bien, agregue agua tibia necesaria; la masa debe de quedar como para hacer tortillas, ni muy dura ni muy aguada, si queda muy dura agregue agua poco a poco y si está muy aguada agregue harina poco a poco hasta lograr una consistencia media. Ponga un plástico en la máquina dc hacer tortillas, tome una bola de masa del tamaño de una nuez y ponga la bola de masa en la máquina, aplaste hasta tener unos 2 mm de grosor, ponga un poco del guisado de relleno y cierre la masa por los lados. Caliente un sartén con abundante aceite, fría hasta que esté bien dorada. Para ver como cerrar las enchiladas (vea página 42 Fig. 1). Si no quiere usar tanto aceite, ponga las enchiladas en un comal y vaya poniendo aceite al gusto con una cuchara y volteando; con este método quedan igual solo que con menos grasa. Para servir abra con un cuchillo, sirva con crema, queso rallado y cebolla picada.

Pollo rostizado adobado

⌛ 120 minutos
5 porciones

Ingredientes:

1 pollo
½ barra achiote 1.7 oz (50 g)
2 dientes de ajo
3 chiles anchos
2 chipotles
1 pizca orégano
¼ taza jugo de naranja
¼ taza jugo de limón
¾ cucharada de sal
2 limones

Retire la colilla y las semillas de los chiles excepto los chipotles (ver página 20).

Una vez remojados los chiles, cuele y ponga en la licuadora junto con el achiote, los ajos, el orégano, jugo de naranja, jugo de limón y la sal. Licúe bien.

Limpie muy bien el pollo para que no tenga plumas, estas las puede quemar prendiendo el fuego de la estufa y pasando el pollo para quemarlas, luego lave muy bien, exprima 2 limones al pollo y deje reposar unos 10 minutos, esto es para desinfectar el pollo además le da muy buen sabor.

Ponga el pollo en un refractario para horno, vierta la salsa encima, tape con papel aluminio y hornee a 350° F o 180° C, por una hora. Después de 1 hora abra el horno, retire el papel y con una cuchara bañe el pollo con su mismo jugo, tape de nuevo y hornee por 30 minutos más o hasta que el pollo esté cocido. Si tiene un termómetro la temperatura interna del pollo debe ser 170° F o 75° C.

Ensalada de nopales

30 minutos
6 porciones

Ingredientes:

3 chiles árbol picados
3 cucharadas de cilantro picado
3 tazas de nopales picados y hervidos (ver página 24)
½ cebolla picada finamente
½ cebolla rebanada en aros
2 jitomates picados
1 pizca de orégano
Jugo de 1 limón
2 cucharadas aceite de oliva
1 aguacate maduro
8 oz (225 g) queso fresco
Sal al gusto

En un refractario de buen tamaño ponga los nopales cocidos, el cilantro, la cebolla picada, el aceite, los jitomates, el jugo de limón, los chiles de árbol, el orégano y sal al gusto, se mezcla todo bien.

Por último se presenta con rodajas de cebolla, queso fresco y aguacate.

Sincronizadas

30 minutos
5 porciones

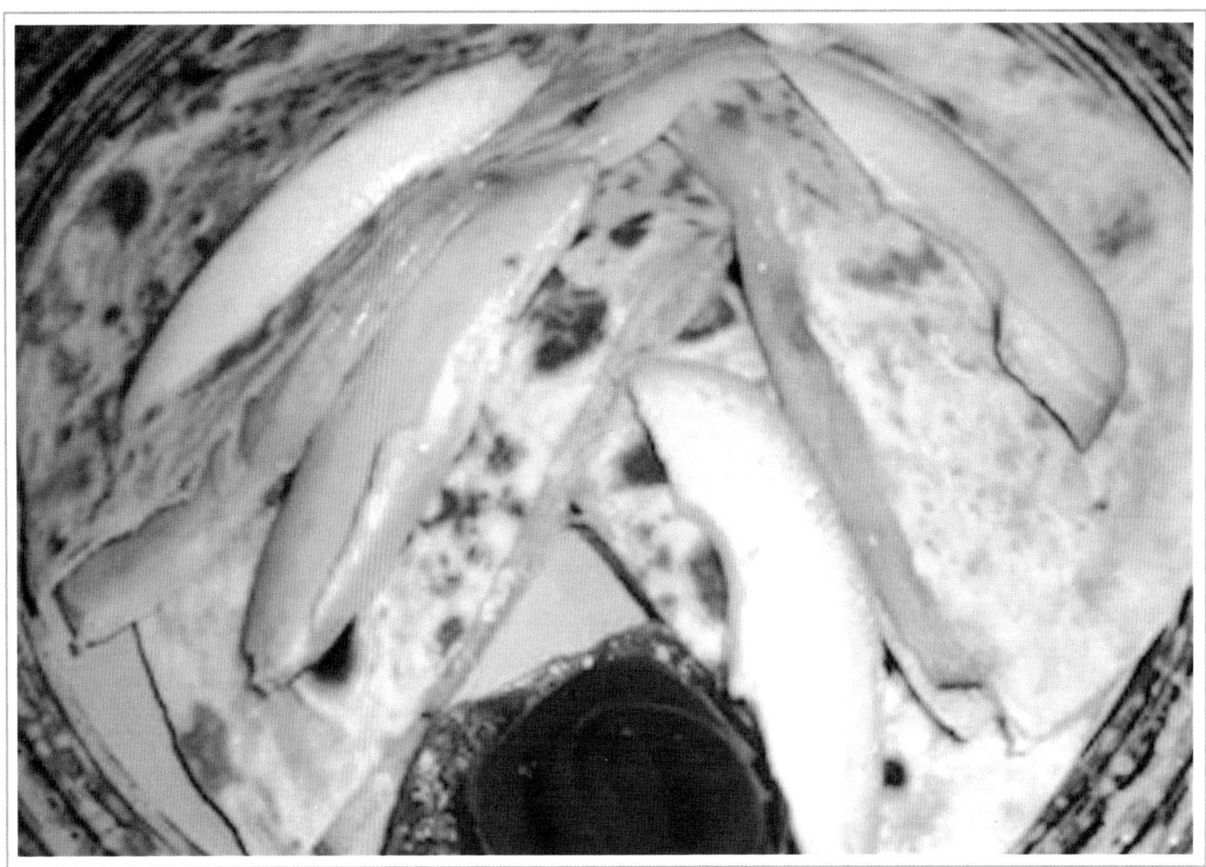

Ingredientes:

10 tortillas de harina
10 rebanadas de jamón
8 oz (226 g) queso Oaxaca
1 cucharada de mantequilla
Salsa de su preferencia

Unte las tortillas con un poco de mantequilla, caliente un comal a fuego medio, ponga 2 tortillas a calentar. Una vez la mantequilla de derritió en una de las tortillas agregue un poco de queso y una rebanada de jamón; tape con la otra tortilla continúe tostando en el comal a fuego bajo, volteando de vez en vez hasta que el queso se haya derretido.

Acompañe con salsa de su preferencia.

Alambre

⌛ 45 minutos
4 porciones

Ingredientes:

1 lb (450 g) bistec de res delgado
1 pimiento picado
1 jalapeño picado
3.5 oz (100 g) tocino
1 cebolla picada
Queso oaxaca
Sazonador en polvo
3 cucharadas de aceite
Sal al gusto
Tortillas de harina
Salsa de su preferencia

Ponga a calentar un sartén con el aceite, cuando esté caliente agregue el bistec y el tocino, agregue un poco de sazonador y sal; cocine hasta que el jugo de la carne se haya evaporado.

Agregue el pimiento, el jalapeño y la cebolla, cocine a fuego medio por 10 minutos más o hasta que todo esté bien cocido. Por último incorpore el queso oaxaca deshebrado, para que se gratine, apague.

Sirva con tortillas de harina y salsa de su preferencia

Albóndigas

60 minutos
5 porciones

Ingredientes:

2 lb (900 g) carne molida de res
4 huevos
3 cucharadas de arroz
6 chiles chipotles adobados
1 cebolla
5 jitomates partidos en 4
2 dientes de ajo
1 cucharada de hierbabuena o menta picada
2 cucharadas de aceite
Sal al gusto

Ponga el arroz en un pocillo o sartén pequeño con ½ taza de agua y cocine por 10 minutos, también ponga a cocer 2 huevos en agua hirviendo y cocine por 10 minutos. Saque los huevos del agua, pele con mucho cuidado y corte en 8 pedazos cada uno.

En un recipiente, ponga la carne molida, el arroz cocido, ½ cebolla picada, la hierbabuena, 2 huevos crudos, 1 ajo picado y 1 cucharadita de sal, mezcle bien. Tome una porción de carne y ponga un pedazo de huevo en el centro, forme una bolita, repita hasta terminar.

Ponga en la licuadora el resto de la cebolla, 1 diente de ajo, los jitomates, los chiles chipotles y 2 tazas de agua, licúe.

Ponga a calentar una cacerola con el aceite, sofría la salsa, sazone con sal y cuando rompa el hervor, agregue las bolitas de carne. La salsa debe de estar a fuego medio, si no, las albóndigas se deshacen.

Una vez que termine de agregarlas todas, cocine por 10 minutos más y listo.

Calabazas rellenas

⌛ 90 minutos
6 porciones

Ingredientes:

6 calabazas
½ lb (220 g) queso oaxaca
6 jitomates partidos en 4
1 diente de ajo
¼ cebolla
2 tazas de agua
½ taza de harina
½ cubo caldo de pollo en polvo
Aceite para freír
5 huevos
Sal al gusto

Corte el tallo y lave las calabazas, ponga en una cacerola y cubra con suficiente agua, agregue ½ cucharada de sal, deje hervir las calabazas a fuego medio por aproximadamente 40 minutos o hasta que estén cocidas; si las deja cocer mucho se van a deshacer, por eso hay que revisarlas a menudo. Retire del agua y deje enfriar de este modo sacarán toda el agua que absorbieron.

Mientras se enfrían haremos el caldillo. Ponga los jitomates, el ajo, la cebolla y 2 tazas de agua, licúe muy bien; ponga a calentar una cacerola pequeña con 2 cucharadas de aceite y sofría la salsa, agregue el caldo de pollo en polvo y luego un poco de sal al gusto. Una vez que rompa el hervor, cocine a fuego bajo por 5 minutos más, apague.

Una vez frías y escurridas las calabazas, haga un corte pequeño al lado, y con la ayuda de una cuchara saque las semillas y rellene con el queso, si lo desea amarre un hilo, para que al momento de freír no se salga el relleno. Espolvoree la harina a todas las calabazas, está ayudará a que el huevo se adhiera a las calabazas. Con los 5 huevos, prepare el huevo para capear (ver página 23).

Ponga a calentar un sartén con abundante aceite, sumerja una de las calabazas en el huevo y cuando esté cubierto totalmente fría en el sartén con aceite caliente. En un sartén caben 2 o 3 calabazas, fría por los 2 lados, ponga en un plato con servilletas absorbentes, ponga a calentar el caldillo y sirva.

Romeritos

60 minutos
5 porciones

Ingredientes:

1 lb (450 g) romeritos
3.5 oz (100g) camarón seco
6 nopales pelados y picados
4 papas grandes
1 lb (450 g) mole en pasta
4 cucharadas de aceite
Sal al gusto

Ponga a cocer en agua los romeros, los nopales y las papas, todo por separado, una vez cocidos los nopales y los romeros escurra, las papas también cuando estén cocidas se pelan y se cortan en cuadros, ponga en la licuadora el mole y un poco de agua, licúe.

Ponga a calentar una cacerola con el aceite, sofría los camarones sin cabeza y sin cola por 3 minutos, agregue el mole, sazone con sal, una vez rompa el hervor, baje a fuego bajo, agregue los nopales y los romeros; por último ya que todo esté cocido se agregan la papas.

Sirva acompañado de tortas de camarón (ver página 54).

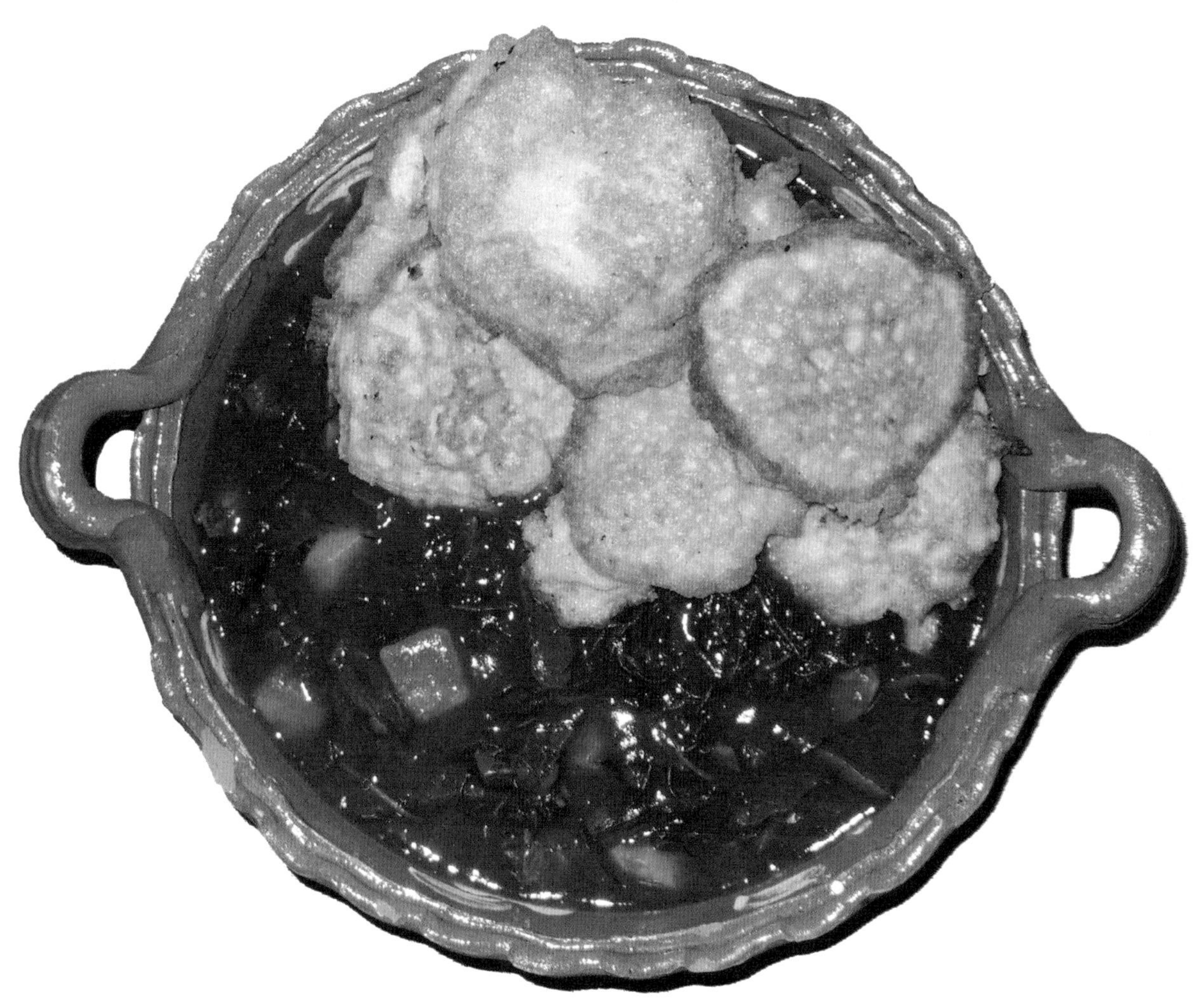

Tinga de salchichas

⌛ 30 minutos
5 porciones

Ingredientes:

2 lb (900 g) salchichas picadas
1 cebolla picada
3 jitomates partidos en 4
1 pedazo de col picado
1 diente de ajo
Chipotles adobados al gusto
Tostadas
Crema mexicana o agria
3 cucharadas de aceite
Sal al gusto

Ponga un sartén a calentar con el aceite, sofría las salchichas, la cebolla y la col; mientras ponga en la licuadora los jitomates, el ajo y los chiles chipotles a su gusto según como lo quiera de picante, agregue muy poca agua, para que quede espeso, licúe.

Vierta la salsa sobre las salchichas, sazone con sal, incorpore bien, cuando todo esté cocido apague, sirva en tostadas con crema y queso.

Mole verde

⌛ 120 minutos
6 porciones

Ingredientes:

6 muslos o piernas de pollo
½ cebolla
Unas ramas de cilantro

Verdura para el mole verde:

6 ramas de cilantro
1 rama de epazote
3 hojas de lechuga
3 ramas de perejil
1 rama de espinacas
9 oz (250 g) chícharos
8 hojas de rábano
12 rabos de cebolla cambray
1 hoja santa
10 chiles serrano
1 chile poblano
10 tomates chicos
2 dientes de ajo
3.5 oz (100 g) pepita molida
4 cucharadas de aceite
Sal al gusto

Ponga a cocer el pollo (ver página 18).

Ponga en la licuadora la hoja santa y toda la verdura excepto la pepita, licúe con un poco de caldo de pollo, tiene que quedar un poco espeso. Ponga a calentar una cacerola con el aceite, vierta la verdura molida, sazone con sal y cuando rompa el hervor, baje a fuego bajo, mientras ponga en la licuadora la pepita y licúe con un poco de caldo de pollo, vierta a la cacerola, incorpore bien; la pepita hará que espese. Deje que sazone bien por 10 minutos a fuego muy bajo, agregue la carne de pollo ya cocida y sirva con arroz.

Asado de res

⌛ 120 minutos
6 porciones

Ingredientes:

2 lb (900 g) retazo de res
6 jitomates partidos en 4
3 papas medianas
3 zanahorias peladas
6 chiles en vinagre
3 cucharadas de vinagre de los chiles
3 hojas de laurel
1 cebolla
2 dientes de ajo
2 cucharadas de aceite
Sal al gusto

Ponga en una olla la carne de res, ½ cebolla, ½ cucharada de sal y cubra con agua, cocine por 2 horas o hasta que la carne esté blandita, también la puede poner a cocinar en la olla express por una hora.

Mientras ponga en una cacerola las papas y zanahorias, cubra con bastante agua, cocine hasta que estén cocidas, las papas de pelan y se pican en cuadros, las zanahorias se pican en rodajas. Reserve.

Ponga en la licuadora los jitomates, ½ cebolla, el ajo, 2 tazas de caldo de res donde se cocinó la carne, licúe, si fuera necesario licúe en 2 partes.

Ponga a calentar una cacerola con el aceite, vierta el jitomate, agregue las hojas de laurel y sazone con sal. Una vez que rompa el hervor, cocine a fuego bajo por 5 minutos más, luego agregue los chiles jalapeños junto con el vinagre. Por último agregue la carne de res, deje que sazone a fuego bajo por 5 minutos, verifique de sal y apague.

Retazo en pasilla

⌛ 120 minutos
5 porciones

Ingredientes:

1 lb (900g) carne de res
4 papas rojas medianas
5 tomates
6 chiles pasilla
½ lb (220 g) queso fresco
2 cucharadas de aceite
2 cucharadas de vinagre
1 cebolla
2 dientes de ajo
Sal al gusto

Ponga en una cacerola la carne de res y media cebolla, cubra con agua y una vez que rompa el hervor baje a fuego medio por 2 horas o hasta que la carne esté suave. Mientras ponga a hervir las papas, una vez que estén cocidas se pelan y se pican en cuadros.

En una cacerola chica ponga los tomates y los chiles, cubra con agua; cuando rompa el hervor baje a fuego bajo y cocine por 20 minutos, deje enfriar y cuele. Ponga en la licuadora los tomates, los chiles, el resto de la cebolla, los ajos y una taza del caldo donde cocinó la carne de res y licúe.

Una vez que tenga la carne lista, las papas picadas y la salsa, ponga una cacerola a calentar con el aceite y sofría la salsa, agregue la carne, las papas, el vinagre, sal al gusto, espere a que rompa el hervor y apague. Sirva con un poco de queso en cuadros.

Bistec a la mexicana

⌛ 30 minutos
4 porciones

Ingredientes:

1 lb (450 g) bistec delgado de res picado
1 cebolla picada finamente
2 jalapeños picados finamente
2 jitomates picados finamente
Sazonador en polvo
3 cucharadas de aceite
Sal al gusto

Ponga a calentar un sartén con el aceite y empiece por freír la carne, agregue un poco de sazonador y cocine por unos minutos, la carne que ha sido congelada suelta mucho jugo al momento de freír y tendrá que esperar que el líquido se evapore, no lo tire, agregue la cebolla y los jalapeños, sazone con sal, cocine por 5 minutos, por último agregue el jitomate, cocine por 5 minutos y apague.

Chuletas asadas

30 minutos
4 porciones

Ingredientes:

8 chuletas de cerdo con o sin hueso
1 cebolla picada en rajas
1 chiles jalapeños picados en rajas
Sazonador en polvo
3 cucharadas de aceite
Sal al gusto

Sazone las chuletas por ambos lados, agregando el sazonador en polvo y sal al gusto. Ponga en un sartén a freír el chile con la cebolla, luego que se sofría el chile y la cebolla incorpore la carne para darle sabor, cocine hasta que la carne este cocida. Sirva con frijoles refritos ensalada o arroz.

Enfrijoladas

30 minutos
4 porciones

Ingredientes:

3 tazas de frijoles de la olla
(ver página 15)
½ lb queso rallado
4 chiles de árbol seco
1 cebolla picada
Aceite suficiente
20 tortillas de maíz
Crema mexicana o agria
Sal al gusto

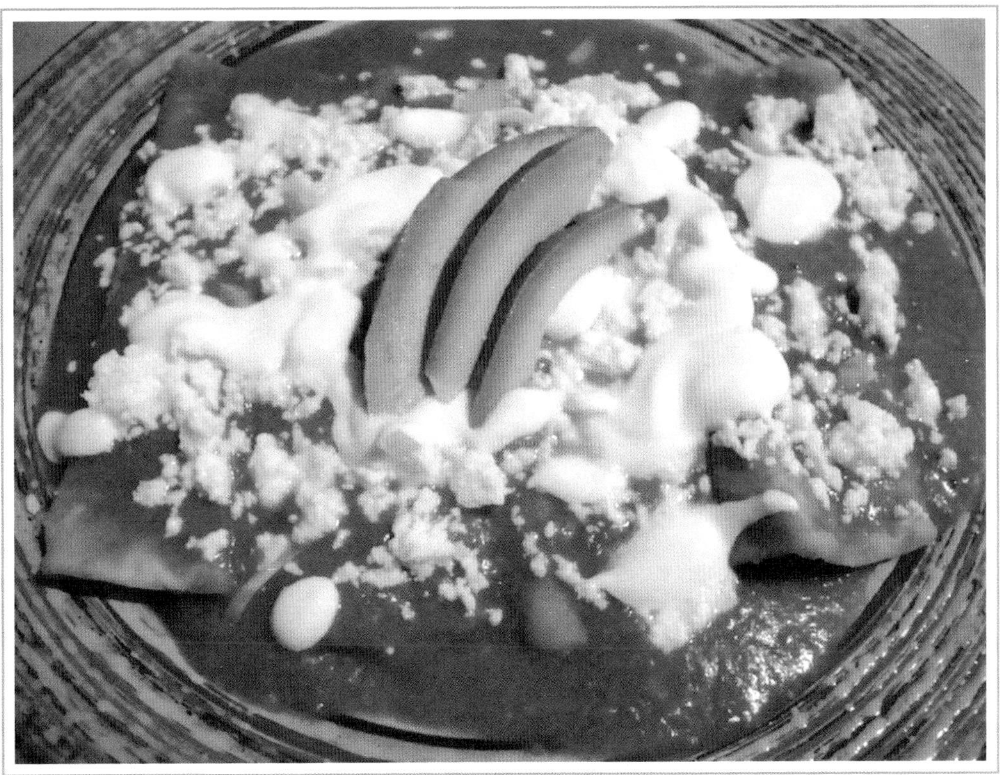

Ponga los frijoles en la licuadora, agregue el caldo de los frijoles o agua hasta cubrir por encima de los frijoles, licúe; para las enfrijoladas los frijoles deben estar caldosos, si no, le agrega bastante líquido al momento de hervir, los frijoles se pondrán muy espesos y será imposible meter las tortillas a los frijoles.

Ponga a calentar 4 cucharadas de aceite y sofría ½ cebolla picada junto con los chiles hasta que estén dorados, vierta los frijoles molidos, cuando rompa el hervor baje a fuego bajo; sazone con sal, cocine por 10 minutos más y apague. Aquí usted se dará cuenta si los frijoles están muy espesos, agregue un poco de agua tibia y mezcle bien.

En un sartén con ½ taza de aceite fría las tortillas, una por una, por los 2 lados, no las deje freír por mucho tiempo, tienen que ser manejables; después de freír vaya colocando las tortillas en un plato con servilletas absorbentes hasta freír todas. Prenda la flama de los frijoles a fuego bajo solo para que se conserven calientes: con la ayuda de un tenedor o pinzas, meta una tortilla en los frijoles, cubra por completo y enrolle en el plato. Cuando tenga enrolladas una porción de 5, ponga un poco de frijoles encima, sirva con crema, cebolla y queso. Repita así hasta terminar con todas las porciones.

Barbacoa

240 minutos
6 porciones

Ingredientes:

Para la carne:

4.5 lb (2 kg) carne de chivo
3 pencas de maguey
20 hojas de aguacate
1 bolsa de plástico
Sal al gusto

Para el consomé:

½ taza de garbanzo
Unas ramas de hierbabuena y cilantro
2 cucharadas de arroz
4 chiles chipotles
1 cebolla
4 dientes de ajo
Sal al gusto

Para la salsa:

2 chiles guajillos
10 chiles de árbol
4 chiles morita
4 chiles chipotles secos
1 pedazo de cebolla
1 diente de ajo
Sal al gusto

Para servir:

Cilantro picado
Cebolla picada
Limones

Si va a usar garbanzo seco es muy importante que los ponga en 1 litro de agua a hervir por 10 minutos, apague. Si no tiene tiempo compre los garbanzos de lata y como ya vienen cocidos agregue junto con el arroz.

Las pencas de maguey se asan en la estufa de gas y se meten en una bolsa a que suden, por unos 20 minutos o hasta que estén suaves.

Prepare una vaporera, ponga hasta abajo el agua y los garbanzos con todo y agua, cubra con la rejilla, tome las pencas ya sudadas, ponga en la rejilla de la vaporera una penca con la punta a de un lado y la otra penca del lado contrario; en medio ponga una capa de carne, marine la carne con sal y luego encima unas hojas de aguacate. Repita otra capa de carne, sal y hojas, hasta que se acabe la carne; tome las puntas de las pencas y envuelva la carne en ellas, luego encima cubra con un plástico o papel aluminio, para que la carne esté bien tapada y sude bien, prenda el fuego, cuando rompa el hervor, baje a fuego bajo y cocine por 4 horas o hasta que la carne esté suave.

Retire la carne envuelta en las pencas y retire la rejilla, el agua que quedo abajo no la tire; agregue el arroz, la hierbabuena, el cilantro, los chipotles, la cebolla y los ajos, no agregue sal hasta probar el consomé, recuerde que a la carne se le puso sal y puede que esté bien de sal el consomé, si está salado, agregue un poco de agua, cocine el consomé por 20 minutos más a fuego medio.

Para calentar la carne puede meterla al microondas o ponerla en otra vaporera pequeña con muy poca agua, es solo para calentar.

Para preparar la salsa, retire la colilla a todos los chiles y solo retire las semillas de los guajillos, remoje (ver página 20); luego que se remojaron vierta en la licuadora los chiles, el ajo y la cebolla, licue.
Vierta en un molde y agregue sal al gusto, esta salsa es para los tacos y el consomé.

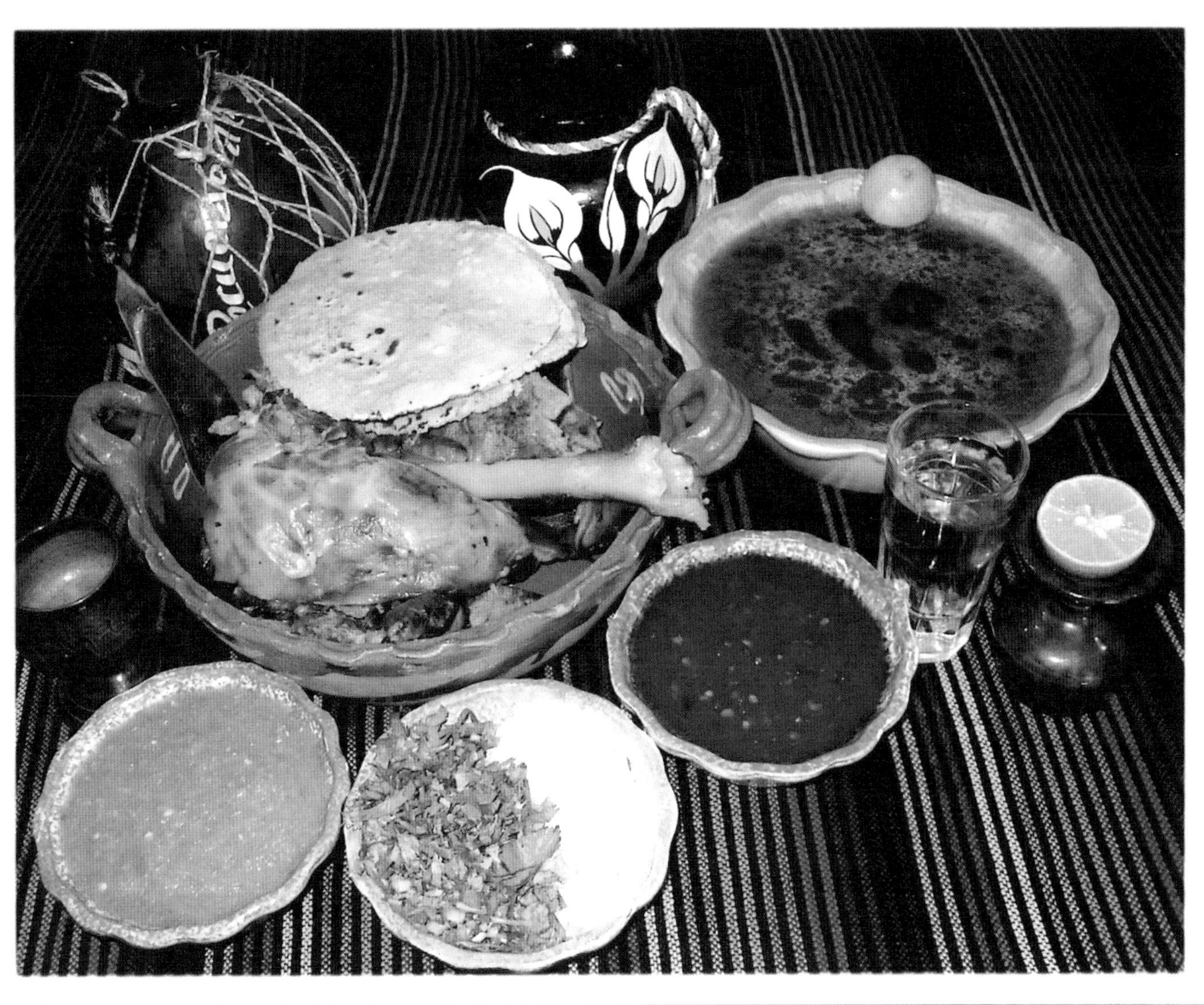

Pechugas a la plancha

⌛ 90 minutos
4 porciones

Ingredientes:

1lb (450 g) pechugas de pollo aplanadas
Sazonador en polvo
2 cucharadas de aceite
Sal al gusto

Espolvoreé la carne con un poco de sazonador y sal por los ambos lados y deje reposar por 1 hora.

Ponga un comal a calentar con el aceite y ponga las pechugas en el comal y cocine hasta que la carne esté a su gusto. Puede acompañar con ensalada, frijoles refritos o spaghetti. Esté platillo es muy fácil, rápido y además bajo en grasa.

Pechugas rellenas

⌛ **60 minutos**
4 porciones

Ingredientes:

1 lb (450 g) pechuga de pollo molida
4 rebanadas de jamón
¼ lb (220 g) queso para gratinar
1 taza de pan molido
1 cucharadita de sazonador en polvo
Pimienta molida al gusto
Sal al gusto

Primero mezcle el pan con el sazonador, un poco de sal y pimienta.

Tome una porción de carne molida y aplaste con la máquina de hacer tortillas no haga mucha presión ya que la carne es muy delicada y si la deja muy delgada se va a romper. Una vez que tiene forma redonda ponga un cuadro de jamón, que no sobresalga, y un poco de queso; cierre como si fuera una quesadilla verifique que esté bien cerrada por las orillas. Pase directamente al pan y cubra por todos lados, le aconsejo que las vaya poniendo encima de un plástico para que al momento de levantar para freír, no se rompan. Ponga a calentar un sartén con abundante aceite y fría a fuego medio por ambos lados, hasta que la carne esté cocida a su gusto.

Sirva con ensalada.

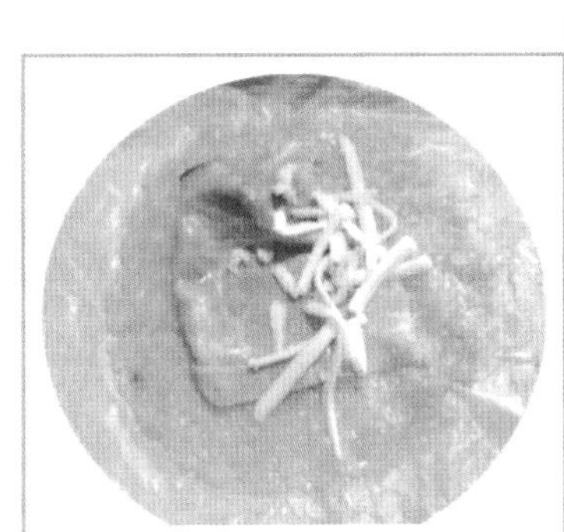

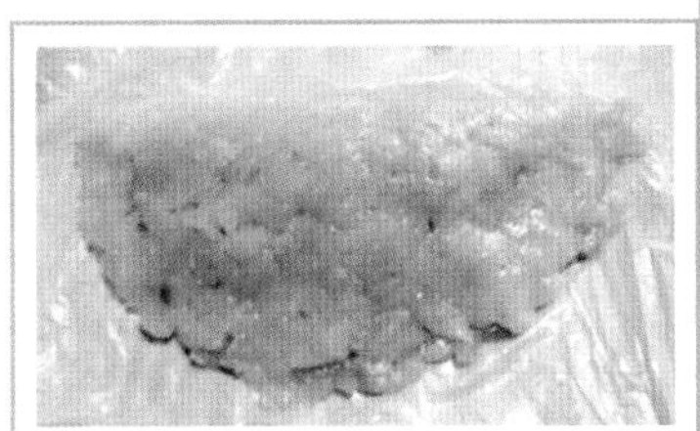

Pechugas empanizadas

30 minutos
4 porciones

Ingredientes:

1 lb (450 g) pechugas de pollo aplanadas
2 huevos
Aceite para freír

Para el pan molido:

2 tazas de pan molido
1 cucharadita de sal
1 cucharadita de sazonador en polvo
1 pizca de orégano

Para el pan molido mezcle todos los ingredientes, bata los huevos en un plato, pase una pieza de pollo por el huevo, escurra el exceso de huevo y cubra con el pan molido aplicando presión con la manos para que el pan quede bien pegado y al momento de freír no se le caiga tan fácil; repita hasta terminar de empanizar todas las pechugas.

Ponga un sartén con abundante aceite a calentar y cuando el aceite esté a temperatura media. Fría las pechugas, hasta que la carne esté cocida su gusto.

Sirva con ensalada.

Masa para tamales con harina  30 minutos

Ingredientes

4 tazas de harina para tamales
2 tazas de manteca
7 tazas de caldo de pollo
1 cucharada de royal
2 cucharadas sal

Primero bata la manteca con la ayuda de un globo o una batidora, hasta que la manteca esté esponjada, añada el resto de los ingredientes y bata hasta que todo esté bien incorporado aproximadamente unos 10 minutos; la masa debe de estar de una textura manejable no muy aguada ni muy dura y tiene que estar un poco esponjada, esa es la señal que ya está lista y puede dejar de batir. Por último verifique de sal y agregue más si es necesario.

Cómo preparar masa del molino  30 minutos

Ingredientes:

1 kilo de masa
10 oz (300 g) manteca de cerdo
3.5 oz (100g) manteca vegetal
1 cucharada de sal
1 cucharadita de royal
Caldo de pollo necesario

Ponga en un refractario todos los ingredientes, excepto el caldo.

Bata muy bien, vaya agregando caldo como lo vaya necesitando, no lo agregue en cantidades grandes, solo poco a poco. Bata la masa por 15 minutos, tiene que tener una masa manejable, que se pueda embarrar en las hojas fácilmente.

Guisado para los tamales rojos

30 minutos
20 porciones

Ingredientes:

5 chiles guajillos
2 chiles anchos o
5 chiles puya
¼ cebolla
1 diente de ajo
2 clavos de olor
1 taza de carne de cerdo o pollo cocida y deshebrada
(ver página 18)
1 taza de caldo de cerdo o pollo
2 cucharadas de harina de maíz
2 cucharadas de aceite
½ taza de agua
Sal al gusto

Retire la colilla y las semillas de los chiles, luego remoje por 20 minutos (ver página 20).

Una vez remojados los chiles cuele y ponga en la licuadora junto con el caldo, la cebolla, el ajo y los clavos de olor, licúe muy bien.

Ponga a calentar una cacerola con el aceite, agregue la carne y sofría por 5 minutos, pase la salsa por un colador. Vierta la salsa en la carne, sazone con sal; cuando la salsa rompa el hervor, baje a fuego medio.

Mezcle muy bien la harina de maíz con ½ taza de agua, añada poco a poco la mezcla de harina de maíz a la salsa, mezcle rápidamente para evitar grumos, deje que la salsa espese y apague.

Guisado para los tamales verdes

30 minutos
20 porciones

Ingredientes:

6 oz (150 g) tomates pelados
4 oz (100 g) jalapeños
¼ cebolla
1 diente de ajo
2 ramitas de cilantro
1 taza caldo de pollo
1 taza de carne de pollo cocida y deshebrada
(ver página 18)
2 cucharadas de aceite
Sal al gusto

Ponga los chiles y los tomates en una olla pequeña, cubra con agua y cuando rompa el hervor, baje a fuego medio. Cocine hasta que los chiles y los tomates cambien de color, tire el agua donde se cocinaron y ponga en la licuadora; agregue una taza de caldo de pollo, la cebolla y el ajo, licúe muy bien, pare la licuadora, agregue el cilantro y muela por unos segundos.

Ponga a calentar una cacerola con el aceite, sofría la salsa, sazone con sal, cuando la salsa rompa el hervor, baje a fuego bajo, cocine por 5 minutos más y apague.

Por último agregue la carne de pollo desmenuzada, incorpore bien.

Guisado para los tamales de rajas

⌛ 30 minutos
20 porciones

Ingredientes:

1 cebolla grande en rajas
10 jalapeños en rajas
4 jitomates partidos en 4
1 diente de ajo
2 cucharadas de aceite
½ cucharada de caldo de pollo en polvo
Sal al gusto

Ponga en la licuadora, los jitomates, el ajo y 1 taza de agua, licúe.

Ponga a calentar una cacerola con el aceite, agregue los chiles y la cebolla rebanados, hasta que la cebolla esté transparente; vierta la salsa de jitomate, agregue el caldo de pollo en polvo, mezcle bien, verifique de sal y cuando rompa el hervor, baje a fuego medio. Cocine por 5 minutos más, apague.

Para preparar los tamales de rajas con queso, ponga un poco del guisado en el tamal previamente embarrado de masa y ponga un trozo de queso y cierre el tamal.

Guisado para los tamales de mole

⌛ 60 minutos
20 porciones

Ingredientes:

5 muslos de pollo
Unas ramas de cilantro
½ cebolla
8 oz (225 g) pasta de mole
3 cucharadas de aceite
Sal al gusto

Cocine la carne de pollo (ver página 18), deje enfriar, deshebre.

Ponga una cacerola con el aceite a calentar, sofría el mole por un minuto, luego agregue caldo de pollo poco a poco; en este punto baje a fuego bajo. Las pastas de mole varían, unas rinden bastante y otras no tanto, vaya agregando el caldo, hasta que tenga una consistencia espesa, ponga sal y verifique, cocine por 3 minutos y apague.

Acomodo y preparación de los tamales

Remoje las hojas en agua hirviendo, lave.

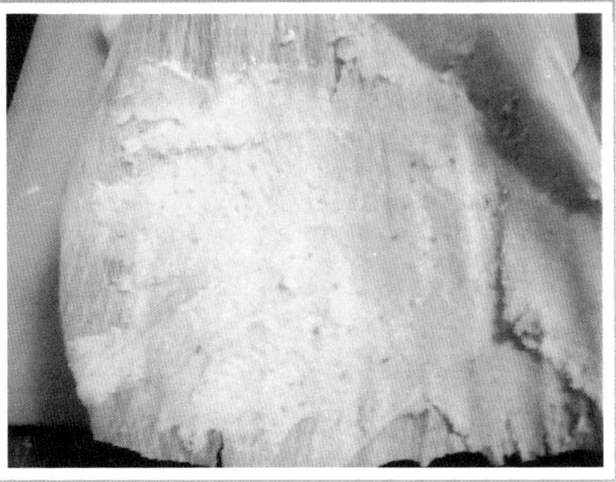

Tome una hoja y del lado liso ponga una cucharada de masa, embarre.

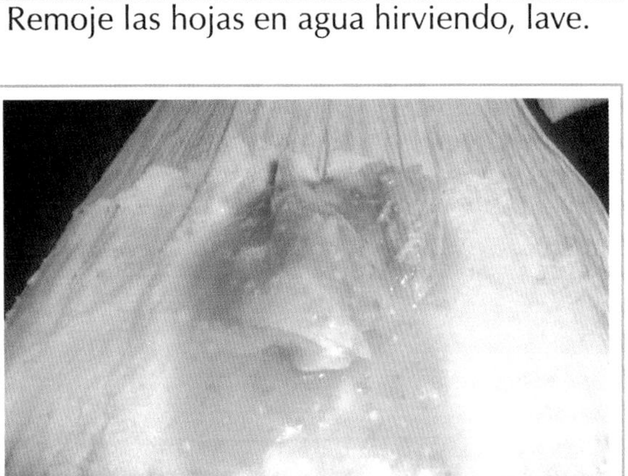

Ponga una cucharada de guisado, envuelva y doble la punta hacia uno de los lados.

Acomode encima de un trapo enrollado así para que no se salga el guisado.

Acomode los tamales hacia arriba, en una vaporera con agua, tape muy bien y ponga algo pesado encima de la tapa.

Cocine por 90 minutos a fuego bajo. No destape a menos que tenga que agregar más agua. Cuando están listos los tamales se separan fácil de la hoja.

Tamales de dulce

90 minutos
12 tamales

Ingredientes:

2 tazas de harina para tamales
1 ¾ tazas de agua tibia
¼ cucharadita de polvo para hornear o royal
4 cucharadas de pasas
2 cucharadas de manteca
12 cucharadas de azúcar
Color rojo líquido para comida al gusto
½ taza de coco rallado picado

Ponga a remojar las hojas en agua caliente, deje que suavicen y luego lave solo con agua.

Primero bata la manteca hasta que se vea esponjosa, luego incorpore el resto de los ingredientes. Tenga mucho cuidado con el color; si le pone demasiado se ven a poner de color rojo. Agregue poco a poco hasta tener un color rosado. Bata muy bien la masa ya sea a mano, con un globo o batidora, por lo menos 10 minutos, la masa tiene que estar manejable, si la siente muy dura agregue agua poco a poco, si la siente muy aguada, agregue harina poco a poco.

Tome una hoja de buen tamaño, busque el lado liso, embarre una porción de masa, envuelva el tamal.

Ponga agua en el fondo de una olla vaporera. Acomode los tamales con la abertura hacia arriba, tape muy bien la olla, una vez que rompa el hervor el agua, baje a fuego bajo. Cocine por 90 minutos o hasta que los tamales se desprendan fácil de la hoja, eso significa que ya están cocidos. Sirva.

Tamales de elote

90 minutos
12 tamales

Ingredientes:

5 oz (150 g) = 1 ½ barrita de mantequilla
7 oz (200 g) harina de arroz
7 oz (200 g) azúcar
10 gotas de esencia de naranja o
1 cucharada de raspadura naranja
5 elotes desgranados
1 cucharadita de polvo para hornear o royal
Hojas de elote fresco u hojas para tamal

Saque del refrigerador la mantequilla 1 hora antes de usarla.

Ponga a remojar las hojas en agua caliente, deje que suavicen y luego lave solo con agua.

Ponga el elote desgranado en la licuadora, licúe sin agregar nada de líquido. Con una batidora o globo de mano, mezcle la mantequilla con el azúcar, agregue el polvo para hornear, la esencia de naranja y agregue poco a poco la harina, incorpore bien, por último agregue los granos de elote. Incorpore muy bien, la mezcla debe quedar un poco espesa, si nota que está muy aguada, es porque posiblemente los elotes estaban muy grandes y por lo tanto soltaron más líquido, si esto pasa, agregue un poco más de harina.

Tome una hoja de buen tamaño, busque el lado liso, embarre una porción de la masa, envuelva el tamal.

Ponga agua en el fondo de una vaporera, acomode los tamales, con la abertura hacia arriba, tape muy bien la olla. Una vez que rompa el hervor el agua, baje a fuego bajo. Cocine por 1 hora o hasta que los tamales se desprendan fácil de la hoja, eso significa que ya están cocidos. Sirva.

Nota: El color de los tamales varía porque en México el maíz es de color blanco, aquí en Estados Unidos es de color amarillo.

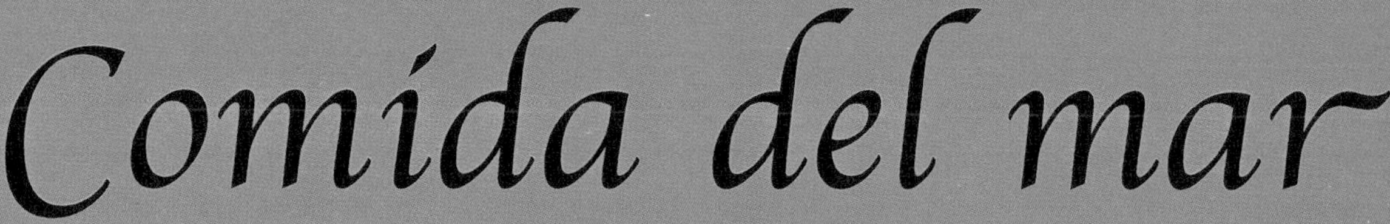
Comida del mar

Langostinos

⏳ 60 minutos
2 porciones

Ingredientes:

2 lb (900 g) langostinos con cáscara
1 diente de ajo picado
4 cucharadas de mantequilla
1 taza de preparado de adobo
(ver página 85)
Pimienta al gusto
Sal al gusto

Ponga en un sartén a derretir la mantequilla, después suba el fuego al máximo y conserve así todo el procedimiento, sofría el ajo por 2 minutos, luego agregue los langostinos, sofría por 3 minutos, vierta el adobo y sazone con sal y pimienta.
Cocine por 3 minutos más, sirva.

Salsa especial para marisco  10 minutos

Ingredientes:

2 tazas de salsa cátsup
1 taza de refresco de naranja sin gas o jugo de naranja
1 pizca de pimienta molida
1 pizca de orégano
8 cucharadas salsa picante Valentina

Mezcle muy bien todos los ingredientes, si quiere la salsa más picante, agregue más salsa picante al gusto. Esta salsa la puede usar para cócteles, empanadas y mucho más.

Mantenga en refrigeración.

Preparado de adobo  30 minutos

Ingredientes:

10 chiles de árbol seco
8 chiles chipotle seco
3 chiles guajillo
1 jitomate
2 tomates
Una pizca de orégano
2 dientes de ajo

Retire la colilla a todos los chiles, solo retire las semillas de los guajillos

Ponga todos los ingredientes en una cacerola pequeña y cubra con agua, una vez rompa el hervor, baje a fuego medio y cocine por 5 minutos y apague. Deje enfriar.

Ponga todo lo de la cacerola en la licuadora, no ponga demasiado líquido solo el suficiente, licúe bien.

Cóctel de camarón

⌛ 30 minutos
4 porciones

Ingredientes:

2 lb (900 g) camarón sin pelar
Salsa especial para marisco
(ver página 85)
2 aguacates sin cáscara picados
2 jitomates picados
1 manojo de cilantro picado
½ cebolla picada
Aceite de oliva
1 cucharadita de sal
Sal al gusto
Limones

Ponga en la estufa una olla con 3 litros de agua. Cuando rompa el hervor, agregue los camarones con todo y cáscara. Deje que reposen por 2 minutos en el agua hirviendo y ya que cambien de color; escurra en un colador. Es muy importante no cocer los camarones de más, si se pasan de cocimiento se ponen duros, deje que se enfríen. Pélelos camarones uno por uno.

También puede comprar el camarón cocido, pida en la pescadería camarón para cóctel o camarón de pacotilla, esté ya viene cocido y pelado.

Estas cantidades son para 4 cócteles, así que divida los ingredientes en 4 parte iguales o al gusto.

En un vaso de vidrio ponga hasta abajo los camarones, exprima jugo de limón al gusto y sazone con sal, cubra los camarones con la salsa especial al gusto; ponga un poco de cebolla, cilantro y jitomate luego ponga trozos de aguacate. Por último para que no le caiga pesado el cóctel ponga encima una cucharada de aceite de oliva, o al gusto. Si quiere que el cóctel sea más picante agregue salsa habanera o chiles jalapeños picados. Acompañe con galletas saladas.

Camarones a la diabla

⌛ 30 minutos
6 porciones

Ingredientes:

18 oz (500 g) camarones sin pelar
1 lata de 7 oz (200g) chipotles en adobo
3 gotas salsa inglesa
½ cucharada de caldo de pollo en polvo
1 cucharada de salsa valentina
½ cucharada de salsa habanera
1 diente de ajo
½ cebolla picada
2 cucharadas de mantequilla
Sal al gusto

Ponga a calentar una olla con 2 litros de agua, cuando rompa el hervor, vierta los camarones con todo y cáscara, espere 2 minutos, apague e inmediatamente cuele, espere a que se enfríen y pele.

Ponga en la licuadora la lata de chiles chipotles, el caldo de pollo en polvo y licúe.

Ponga a calentar un sartén, derrita la mantequilla, sofría el ajo y el camarón pelado por 1 minuto, agregue la salsa picante, la salsa de habanero, la salsa de chipotle y la cebolla, cocine por 2 minutos. Por último agregue la salsa inglesa y sazone con sal. Sirva.

Ceviche

30 minutos
4 porciones

Ingredientes:

1 lb (450g) filete tilapia de pescado
1 jitomate picado
1 jalapeño picado
½ cebolla picada
El jugo de un limón
Sazonador en polvo
Sal al gusto

Ponga el pescado en el horno de microondas y cocine por 3 minutos o ponga una vaporera chica y cocine el pescado al vapor a fuego muy bajo. El pescado se cocina muy rápido, solo es cuestión que se ponga blanco y ya, deje enfriar. En un refractario se mezcla el pescado, el jitomate, la cebolla, el jugo de limón, sal y sazonador al gusto.

En cuanto al sazonador sería al gusto; puede ir probando el ceviche para determinar qué tan sazonado lo quiere, mezcle bien y listo. Sirva en tostadas.

Empanadas

30 minutos
4 porciones

Ingredientes:

2 tazas de ceviche
(ver página 88)
12 discos para empanadas
Aceite suficiente
¼ taza de harina

Para servir:

Salsa especial para marisco al gusto
(ver página 85)
Cebolla picada
Cilantro picado
Mayonesa
Aguacate

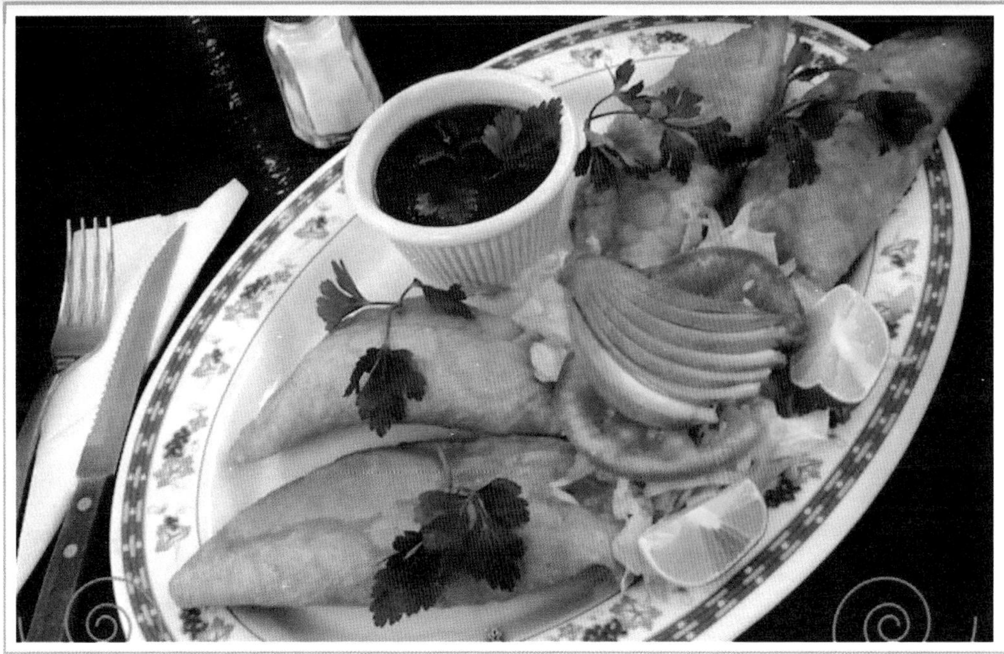

Los discos para empanada se tienen que conservar congelados, también se les conoce por masa de hojaldre, ya los venden hechos; se sacan del congelador 15 minutos antes de empezar a cocinar. Tome un poco de harina y ponga sobre la mesa, ponga un disco sobre la harina y también espolvoree un poco de harina encima. Con la ayuda de un rodillo haga los discos lo más delgado que pueda. Los discos son gruesos y para que queden crujientes las empanadas, hay que hacer esté paso. Ponga una cucharada de ceviche en el centro, ponga un poco de agua por las orillas y cierre torciendo las orillas o aplastando con un tenedor. Continúe así hasta que termine con todas las empanadas.

Ponga a calentar abundante aceite en un sartén que debe de estar a fuego medio y fría. Con el volteador vierta aceite encima de las empanadas y luego voltee, debe tener mucho cuidado en esté paso ya que si el aceite está muy caliente se van a freír muy rápido y quedarán quemadas, así que trate de conservar el aceite a temperatura para que se frían bien y tengan buen color. Cuando estén fritas pase a un plato con una servilletas absorbente y espere que se enfríen un poco.

Para servir, haga una abertura por donde las cerró y sirva con mayonesa, cilantro picado, cebolla picada, aguacate y un poco de salsa especial para marisco al gusto.

Mojarra empapelada

60 minutos
3 porciones

Ingredientes:

3 mojarras limpias
1 lb (450 g) hongos rebanados
8 oz (225 g) queso oaxaca deshebrado
2 jitomates rebanados
3 jalapeños rebanados
1 cebolla rebanada
5 dientes de ajo
3 ramas de epazote
2 limones
3 cucharadas de mantequilla
Papel aluminio
Sal y pimienta al gusto

Primero lave muy bien el pescado por dentro y por fuera, exprima el jugo de limón, marine con sal y pimienta, esto hará que el pescado no huela mal y tome más sabor.

Ponga en la licuadora los ajos y licúe con un poco de agua, debe de quedar una mezcla un poco espesa; unte el ajo al pescado y deje reposar por una hora, escurra.

Tome un pedazo de papel aluminio de tamaño grande, unte mantequilla en el papel aluminio, ponga el pescado en el papel, por dentro ponga una porción de queso oaxaca. Por encima del pescado ponga un poco de hongos, jitomate, cebolla, epazote, jalapeños, sal al gusto y cierre muy bien.

Precaliente el horno a 350° F o 180° C. Meta al horno, cocine por 30 minutos, también puede poner a calentar un comal y cocinar encima del comal, tratando de darle vuelta de vez en cuando para que la mojarra se cocine por todos lados, aproximadamente 40 minutos.

Mojarra frita

⌛ 60 minutos
3 porciones

Ingredientes:

3 mojarras o huachinango
10 dientes de ajo
½ taza de harina
Pimienta al gusto
2 limones
Aceite necesario
Sal al gusto

Al comprar la mojarra pídala rallada en cuadros, lávela y verifique que no tenga escamas en la piel.

Marine el pescado con sal, pimienta y exprima jugo de limón, esto hará que el pescado no huela feo y tome mejor sabor. Ponga en la licuadora los ajos y licúe con un poco de agua. Unte el ajo al pescado y deje reposar por una hora. Escurra el pescado y cubra con harina por completo, retire el exceso de harina. Fría en abundante aceite caliente hasta que el pescado esté bien dorado.

Sirva con ensalada.

Camarones adobados

30 minutos
3 porciones

Ingredientes:

2 lb (900 g) camarones pelados
5 dientes de ajo picado
5 cucharadas de mantequilla
½ taza de preparado de adobo (ver página 85)
Sal al gusto

Ponga en un sartén a derretir la mantequilla. Después de derretir la mantequilla suba el fuego al máximo y conserve así todo el procedimiento. Sofría el ajo por 2 minutos, luego agregue los camarones, sofría por 3 minutos. Vierta el adobo, sazone con sal e incorpore bien. Cocine por 2 minutos más, sirva.

Ostiones gratinados

Ingredientes:

24 ostiones
½ lb (225g) queso chihuahua o mozzarella rallado
Sazonador en polvo
1 jalapeño picado
1 cebolla picada
Sal al gusto

Cuando compre los ostiones, verifique que estén bien cerrados. Con un cepillo talle muy bien todos los ostiones por fuera, luego enjuague muy bien con agua, ya que estos tienen bastante arena. Con la punta de un cuchillo abra todos los ostiones, espolvoree sazonador en polvo al gusto, agregue cebolla, jalapeños, sazone con sal al gusto. Cubra los ostiones con el queso rallado y meta al horno de microondas por 5 minutos, retire del horno; sirva en un plato y acompañe con una salsa habanera.

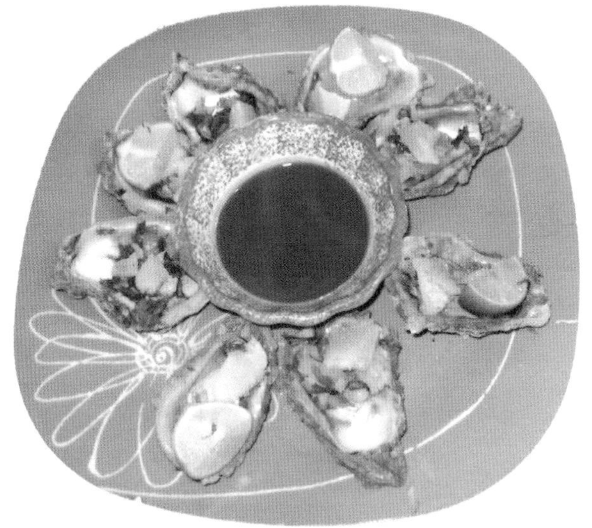

Ostiones Naturales

20 minutos
4 porciones

Ingredientes:

24 ostiones
3 limones
Sal al gusto
Salsa habanera

Cuando compre los ostiones, verifique que estén bien cerrados. Con un cepillo talle muy bien todos los ostiones por fuera y enjuague muy bien con agua, ya que estos tienen bastante arena. Con la punta de un cuchillo abra todos los ostiones. Sazone con sal al gusto y por último exprima el jugo de los limones. Acompañe con una salsa habanera.

Caldo de mariscos

⌛ 30 minutos
4 porciones

Ingredientes:

8 almejas cerradas
8 oz (225 g) pulpo
1 pescado limpio
1 lb (450 g) camarón pelado y limpio
2 jaibas limpias
1 ajo picado
2 jitomates picados
½ cebolla picada
2 cucharadas de aceite
Sal al gusto
1 taza de preparado de adobo (ver página 85)

Ponga el pulpo en una olla, cubra con agua, agregue 1 cucharadita de sal, cocine por 5 minutos o hasta que el pulpo esté cocido y cambie de color. Retire el pulpo del agua y pique en trozos medianos.

Talle muy bien las almejas con un cepillo, corte el pescado en 3 o 4 partes.

Ponga a calentar una cacerola con el aceite, sofría la cebolla, el jitomate y el ajo, por unos 2 minutos luego vierta el adobo y cocine por 1 minuto más; agregue 6 tazas de agua, espere a que rompa el hervor y sazone con sal. Es muy importante que después de agregar el marisco, tape la olla para que rompa el hervor de nuevo, sin bajarle al fuego, el marisco se debe cocinar a fuego alto y en el menor tiempo posible; si cocina demás los camarones estarán duros y si cocina de más el pescado, se va a deshacer, por eso agregue todo el marisco a la cacerola y tape. Conserve el fuego al máximo y cuando rompa el hervor de nuevo, solo espere 4 minutos y apague. Ese tiempo es suficiente para que todo se cocine bien; las almejas usualmente son las que se tarden más, pero con el calor restante del caldo se van a empezar a abrir y eso significa que están cocidas.

Caldo de camarón

⌛ 60 minutos
5 porciones

Ingredientes:

1 lb (450g) camarón fresco
3 papas peladas y picadas
3 zanahorias peladas y picadas
5 jitomates
1 lata pequeña de chile chipotle
2 oz (56 g) camarón seco
Una pizca tomillo
2 hojas de laurel
1 diente de ajo
½ cebolla
2 limones
2 bolillos
Sal al gusto

Tome una olla grande ponga la mitad de los camarones secos, las papas y las zanahorias cubra; con agua y cocine por 10 minutos en lo que muele la salsa.

Ponga en la licuadora la otra mitad de los camarones secos, los jitomates, los chiles chipotles, el ajo, la cebolla y agua suficiente para moler. Licúe y agregue a la olla, luego agregue el tomillo, las hojas de laurel y sazone con sal. Cuando rompa el hervor, inmediatamente agregue los camarones, no le baje al fuego, conserve a fuego alto, cuando hierva y cambien de color los camarones, apague.

Sirva en un plato, acompaña de con limón y pan.

Arroz, caldos,

sopa y

spaghetti.

Arroz verde

30 minutos
4 porciones

Ingredientes:

1 taza de arroz
1 cucharada caldo de pollo en polvo
1 chile poblano
3 cucharadas de mantequilla
¼ cebolla
1 diente de ajo
2 tazas de agua
1 elote
Sal al gusto

Para ver las instrucciones de como remojar el arroz (ver página 10).

Lave muy bien el chile, retire la colilla y las semillas, ponga en la licuadora el chile, la cebolla el ajo, el caldo de pollo en polvo, 1 taza de agua, licúe.

Desgrane el elote. En una cacerola ponga a derretir la mantequilla a fuego medio, una vez derretida la mantequilla agregue el arroz, sin dejar de mover cocine hasta que el arroz esté un poco dorado, agregue los granos de elote, vierta la salsa, incorpore la otra taza de agua, sazone con sal, tape el arroz y cuando rompa el hervor, baje a fuego bajo y cocine hasta que se haya consumido el agua, aproximadamente 20 minutos. Trate de no destaparlo a cada rato, eso impide que el arroz se cocine bien y por ese motivo a veces queda crudo.

Para hacer el arroz más nutritivo pueden agregar verduras crudas y picadas en pedacitos pequeños para que se cocinen rápido, como zanahorias, ejotes, chícharos y elote, esto se le agrega al momento que ya está todo bien sazonado y antes de tapar la olla del arroz.

Arroz rojo

30 minutos
4 porciones

Ingredientes:

1 taza de arroz
2 jitomates partidos
¼ cebolla
1 diente de ajo
1 cucharada caldo pollo en polvo
½ taza de aceite
Sal al gusto

Para ver las instrucciones de como remojar el arroz (ver página 10).

Ponga en la licuadora, los jitomates, el caldo de pollo en polvo, la cebolla y el ajo agregue el agua necesaria, para que con todos los ingredientes sean un total de 2 tazas de líquido, licúe muy bien, si gusta puede colar el jitomate pero no es necesario.

Ponga una cacerola a calentar con el aceite, agregue el arroz, sofría hasta que esté dorado, recuerde de mover el arroz constantemente, una vez dorado, retire el exceso de aceite, agregue el jitomate molido, sazone con sal, incorpore bien, si gusta en este punto puede agregar vegetales picados al gusto, tape y cuando rompa el hervor, baje a fuego bajo y cocine hasta que se haya consumido el agua, aproximadamente 20 minutos, sirva.

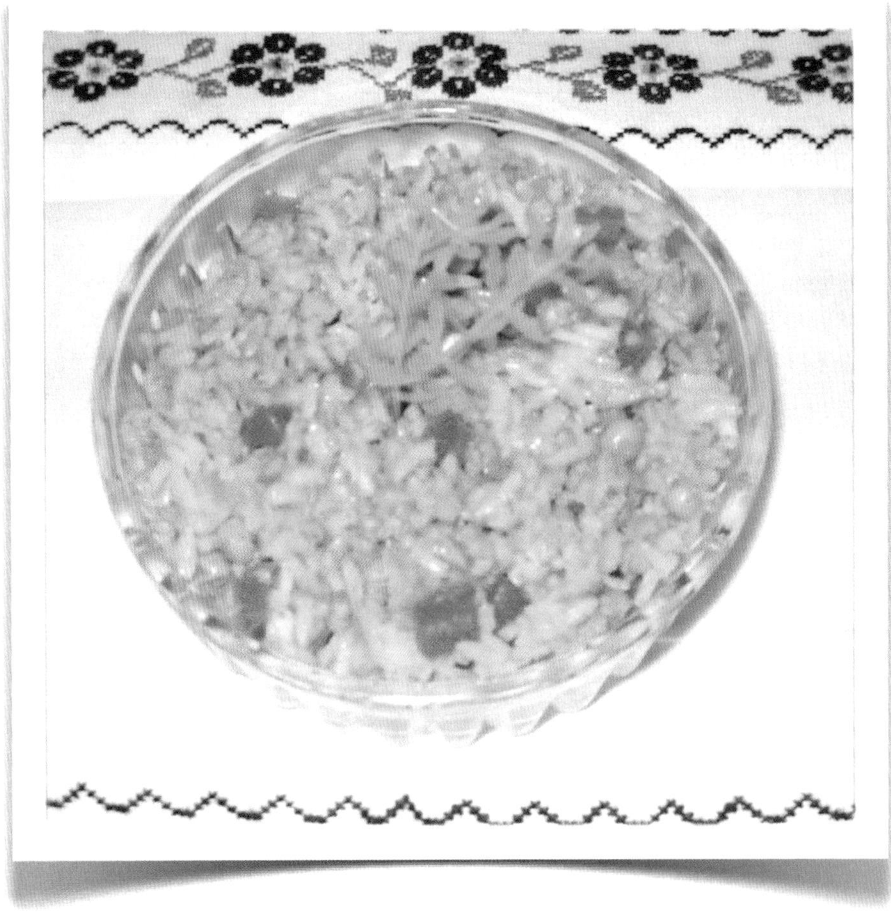

Arroz blanco

30 minutos
4 porciones

Ingredientes:

1 taza de arroz
3 cucharadas de mantequilla
¼ cebolla
1 diente de ajo
1 taza de verduras picadas, zanahorias, chícharos y granos de elote
4 cucharadas de perejil picado
½ cucharada caldo de pollo en polvo
Sal al gusto

Para ver las instrucciones de como remojar el arroz (ver página 10).

Ponga la cebolla, el ajo, el caldo de pollo en polvo y 2 tazas de agua en la licuadora, licúe muy bien.

En una cacerola derrita la mantequilla, agregue el arroz, sofría moviendo constantemente para evitar que se queme, hasta que el arroz esté dorado.

Agregue la mezcla de la licuadora, las verduras, el perejil y sazone con sal. Tape y una vez rompa el hervor, baje a fuego bajo y cocine hasta que se haya consumido el agua, aproximadamente 20 minutos, sirva.

Arroz amarillo

30 minutos
4 porciones

Ingredientes:

1 taza de arroz
1 taza de verduras picadas zanahorias, chícharos, ejotes y granos de elote
½ cucharada de caldo de pollo en polvo
2 cucharadas de mostaza
1 diente de ajo
½ cebolla
Sal al gusto
¼ taza de aceite

Para ver las instrucciones de como remojar el arroz (ver página 10).

Ponga en la licuadora el ajo, la cebolla, el caldo de pollo en polvo, la mostaza y 2 tazas de agua, licúe.

Ponga a calentar una cacerola con el aceite, sofría el arroz hasta que esté de color dorado; recuerde mover constantemente para que no se queme. Vierta la mezcla de la licuadora sazone con sal, tape y cuando rompa el hervor baje a fuego bajo y cocine hasta que se haya consumido el agua, aproximadamente 20 minutos y sirva.

Arroz con rajas

⌛ 40 minutos
4 porciones

Ingredientes:

1 taza de arroz
2 chiles poblanos asados y picados
(ver página 21)
½ cebolla picada
½ cucharada caldo de pollo en polvo
3 cucharadas de mantequilla
Sal al gusto

Para ver las instrucciones de como remojar el arroz (ver página 10).

Ponga una cacerola a calentar y derrita la mantequilla, sofría el arroz y la cebolla, hasta que el arroz esté un poco dorado. Agregue los chiles y sofría por un minuto, agregue 2 tazas de agua, el caldo de pollo en polvo, incorpore bien, sazone con sal. Cuando rompa el hervor tape y baje a fuego bajo y cocine hasta que se haya consumido el agua, aproximadamente 20 minutos y sirva.

Spaghetti especial

30 minutos
6 porciones

Ingredientes:

1 caja de spaghetti
12 oz (340 g) crema mexicana o agria
2 jitomates partidos en 4
½ cebolla
1 diente de ajo
5 cucharadas de mantequilla
10 rebanadas de jamón picado
5 ramitas de perejil picado finamente
8 oz (225 g) queso oaxaca, manchego o chihuahua
½ cucharada de caldo de pollo en polvo
1 taza de agua
Sal al gusto

Ponga una olla con 3 litros de agua a hervir, agregue ½ cucharada de sal. Cuando rompa el hervor baje a fuego medio, vierta el spaghetti, cocine hasta que el spaghetti esté suave, cuele. Reserve.

Ponga en la licuadora los jitomates, la cebolla, el ajo, el caldo de pollo en polvo, el agua, licúe.

Caliente una cacerola y derrita la mantequilla a fuego bajo, agregue el jamón y el perejil, sofría por 2 minutos. Vierta la salsa de jitomate y después el spaghetti. Sazone con sal, incorpore bien.

Deje que sazone de 5 a 10 minutos hasta que el spaghetti haya absorbido la salsa de jitomate, luego agregue el queso, la crema y apague inmediatamente después de agregar la crema. Incorpore bien. Sirva.

Spaghetti con jitomate

⧗ 30 minutos
6 porciones

Ingredientes:

1 lb (900 g) spaghetti
5 jitomates partidos en 4
½ cebolla
1 diente de ajo
4 oz (225 g) jamón
1 cucharada caldo de pollo en polvo
3 cucharadas de mantequilla
Sal al gusto

Para acompañar:

Crema
Queso rallado

Ponga una olla con 3 litros de agua a hervir, agregue ½ cucharada de sal. Cuando rompa el hervor baje a fuego medio, vierta el spaghetti y cocine hasta que esté suave, luego cuele. Reserve.

Ponga en la licuadora los jitomates, el ajo, la cebolla, el caldo de pollo en polvo y 2 tazas de agua, licúe.

Ponga a calentar una cacerola con la mantequilla y sofría el jamón hasta que esté dorado. Luego vierta la salsa de jitomate molido, si gusta puede colarlo o agregarlo así. Sazone con sal, agregue el spaghetti e incorpore bien. Cuando rompa el hervor baje a fuego medio y cocine por 5 minutos más teniendo cuidado de moverlo para que no se pegue.

Acompañe con crema y queso rallado.

Spaghetti blanco

⌛ 30 minutos
6 porciones

Ingredientes:

1 caja de spaghetti
1 lb (450g) crema agria o mexicana
4 cucharadas de perejil picado
6 cucharadas de mantequilla
Sal al gusto

Ponga una olla con 3 litros de agua a hervir, agregue ½ cucharada de sal. Cuando rompa el hervor baje a fuego medio, vierta el spaghetti hasta que esté suave, luego cuele. Reserve.

Ponga una cacerola a calentar y derrita la mantequilla, agregue el perejil y sofría un minuto, agregue el spaghetti, incorpore bien y por último apague y agregue la crema, sazone con sal e incorpore bien.

Este spaghetti también se puede hacer con pasta de macarrones o codito.

Mole de olla

⌛ 120 minutos
6 porciones

Ingredientes:

2 lb (900 g) chambarete de res o retazo
3 elotes partidos en 2
3 zanahorias peladas y picadas
1 lb (450 g) ejotes sin las puntas
3 papas peladas y partidas en 4
6 chiles guajillos
1 cebolla
2 dientes de ajo
1 manojo de epazote o cilantro
Sal al gusto

Ponga a calentar una olla con 4 litros de agua. Primero agregue la carne junto con ½ cebolla, 2 cucharadas de sal y el epazote o cilantro suba a fuego alto. Cuando rompa el hervor baje a fuego medio, cocine por 90 minutos.

Ponga a remojar los chiles (ver página 20), cuele, ponga en la licuadora los chiles sin el caldo, ½ cebolla, el ajo y una taza de agua, licúe, cuele.

Pasados los 90 minutos agregue al caldo toda la verdura y el chile guajillo, lo dejamos a fuego alto y cuando rompa el hervor baje a fuego medio, sazone con sal; puede que le falte bastante pero solo agregue poco a poco para que no se pase y lo dejamos en el fuego hasta que la carne y las verduras estén cocidas aproximadamente 30 minutos.

Sirva y acompañe con limón.

El caldo sale más rico con epazote, pero en Estados Unidos a veces no se encuentra ni fresco ni seco en estos casos se utiliza cilantro.

Esquites

⌛ 90 minutos
6 porciones

Ingredientes:

2 lb (900 g) carne de pollo piernas, patas o alas
6 elotes desgranados
1 manojo de epazote
2 jalapeños picados
½ cebolla picada
¼ taza de aceite
Sal al gusto

Para acompañar opcional:

Limones
Mayonesa
Queso rallado
Chile piquín

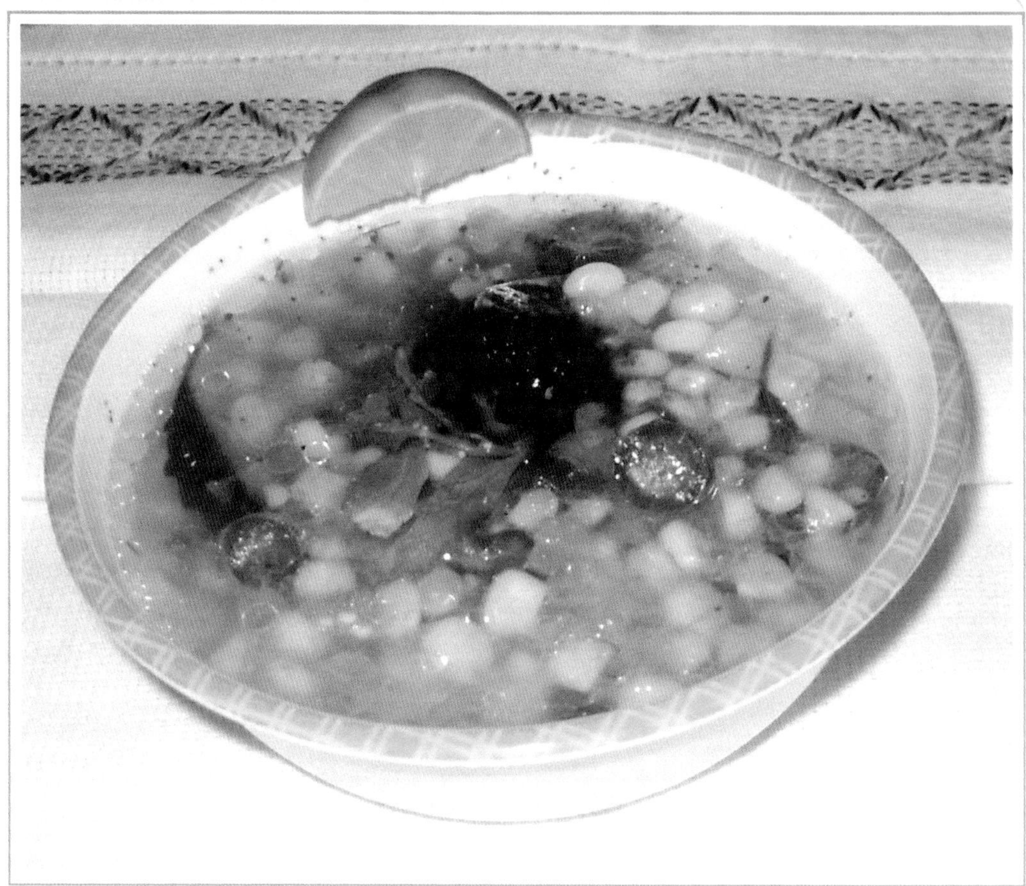

Una vez que tenga todo picado y el pollo limpio, ponga una cacerola a calentar con el aceite y sofría los granos de maíz, los chiles y la cebolla. Tenga mucho cuidado y no deje de mover porque si no el maíz se va a pegar y se va a quemar, solo procure no descuidarlo; sofría por unos 15 minutos y luego agregue el pollo, el epazote y cubra con agua. Sazone con un poco de sal y deje que se cocine por 90 minutos o hasta que esté cocido el pollo. Pasado ese tiempo verifique de sal y listo.

En el D.F. se venden los esquites con patas de pollo, pero usted lo puede acompañar con la carne que usted guste, de igual modo se los puede comer con caldo o sin caldo y jugo de limón. También puede hacer un esquite especial, con puro maíz, mayonesa, limón, queso rallado y chile piquín molido, al gusto.

Caldo tlalpeño

90 minutos
4 porciones

Ingredientes:

8 piezas de carne de pollo
½ taza de puré de jitomate
½ taza de garbanzos
1 taza de ejotes en trozos
2 zanahorias picadas
3 ramas de epazote
1 diente de ajo
½ cebolla
Limones
Sal al gusto

Si va a usar garbanzo seco es muy importante que los ponga en 1 litro de agua a hervir por 5 minutos y deje remojar toda la noche, de este modo cuando los agregue al pollo sin el agua donde se remojaron se terminarán de cocer al mismo tiempo, ya que estos son muy duros. Si no tiene tiempo compre los garbanzos de lata y como ya vienen cocidos agregue casi al final.

Ponga en una olla el pollo que ya debe de estar limpio y lavado cubra con suficiente agua. Agregue la cebolla, los chiles, el ajo, el epazote y los garbanzos; cuando rompa el hervor agregue el puré de jitomate y ½ cucharada de sal. Cocine por 1 hora, agregue las verduras picadas. Cocine por 30 minutos más o hasta que el pollo esté cocido. Por último verifique de sal y sirva.

Pancita

⌛ 120 minutos
6 porciones

Ingredientes:

2 lb (900 g) pancita de res o libro
1 manojo de epazote
1 cebolla
3 dientes de ajo
6 chiles guajillos
Sal al gusto

Para acompañar:

Limones partidos
Cebolla picada
Orégano molido

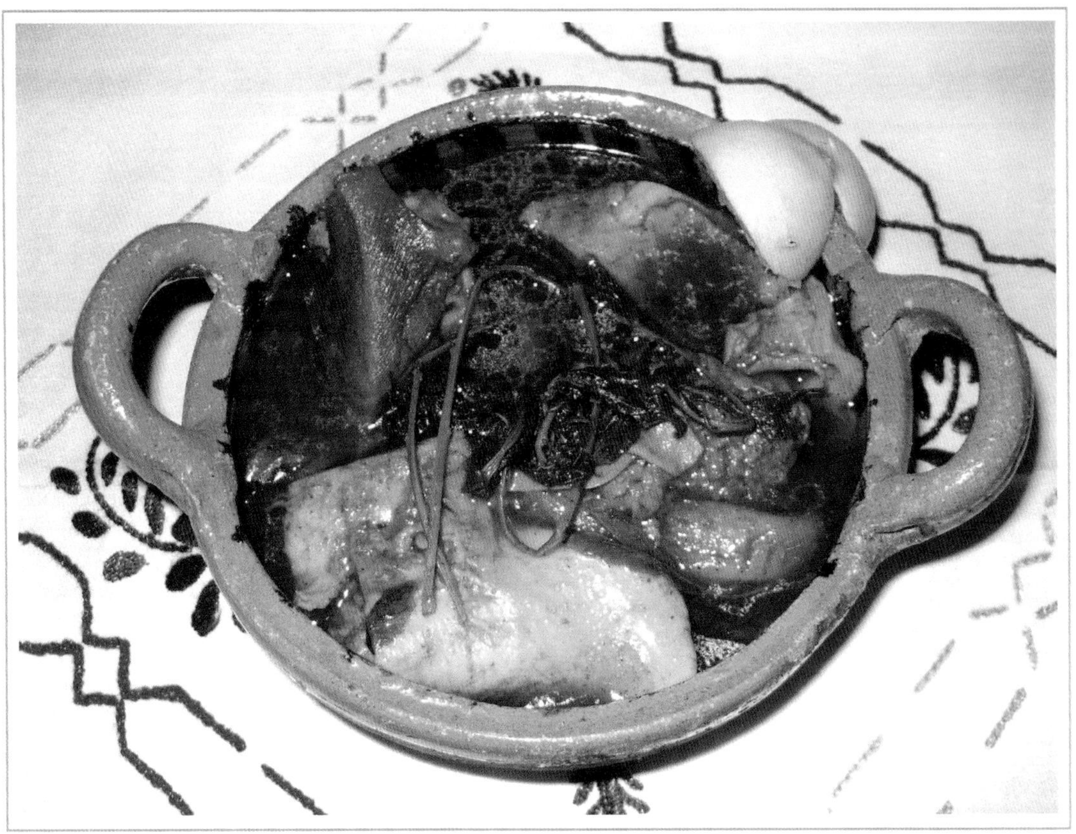

Ponga en una olla la carne, previamente lavada y picada en pedazos chicos, cubra con agua 5 centímetros más por arriba del nivel de la carne. Cuando rompa el hervor, baje a fuego medio y agregue el epazote, ½ cebolla y una cucharada de sal, cocine por 90 minutos, remoje los chiles guajillos (ver página 20).

Ponga en la licuadora los chiles guajillos sin el caldo, la cebolla, los ajos y 2 tazas de caldo donde se está cocinado la carne, licúe, cuele. Pasados los 90 minutos vierta la salsa a la carne, cuando vuelva a romper el hervor, sazone con sal y cocine por 30 minutos más o hasta que la carne esté cocida.

Sirva en un plato profundo y acompañe con limón, cebolla picada y orégano molido.

Sopa de fideo

30 minutos
6 porciones

Ingredientes:

7 oz (200 g) sopa de su preferencia
5 jitomates partidos en 4
½ cebolla
1 diente de ajo
4 tazas de agua
1 cucharada de caldo de pollo en polvo
¼ taza de aceite
Sal al gusto

Ponga en la licuadora los jitomates, la cebolla, el caldo de pollo en polvo, el ajo y 4 tazas de agua, licúe muy bien; si lo desea puede colar el jitomate, pero no es necesario,

Ponga a calentar una cacerola con el aceite, vierta la bolsa de sopa y dore a fuego medio; mueva constantemente, para evitar quemar la sopa. Cuando la sopa tenga un color dorado, agregue el jitomate y sazone con sal.

Cuando rompa el hervor, baje a fuego medio y cocine por 15 minutos apague y sirva.

Puede acompañar con queso rallado o limón.

Sopa de verduras

30 minutos
6 porciones

Ingredientes:

2 elotes desgranados
8 oz (225 g) zanahorias picadas
8 oz (225 g) col picada
8 oz (225 g) calabazas picadas
8 oz (225 g) papas peladas y picadas
8 oz (225 g) espinacas lavadas y picadas
8 jitomates partidos en 4
3 cucharadas de aceite
½ cebolla
1 diente de ajo
1 cucharada de caldo de pollo en polvo
Sal al gusto

Ponga en la licuadora los jitomates, la cebolla, el ajo y el caldo de pollo en polvo, agregue 2 tazas de agua y licúe. Reserve.

Ponga a calentar una cacerola con el aceite y sofría todos los vegetales por 3 minutos, luego agregue ½ taza de agua, sazone con sal, tape y cocine al vapor por 10 minutos. Agregue el jitomate, verifique de sal y cocine hasta que todos los vegetales estén cocidos.

Sopa de tortilla

⌛ 45 minutos
6 porciones

Ingredientes:

5 muslos de pollo, cocidos y deshebrados (ver página 18)
6 tazas de caldo de pollo
3 elotes
6 jitomates
2 jalapeños
½ cebolla
1 diente de ajo
15 tortillas
Aceite para freír
Sal al gusto

Para servir:

Crema
Queso fresco
Aguacate

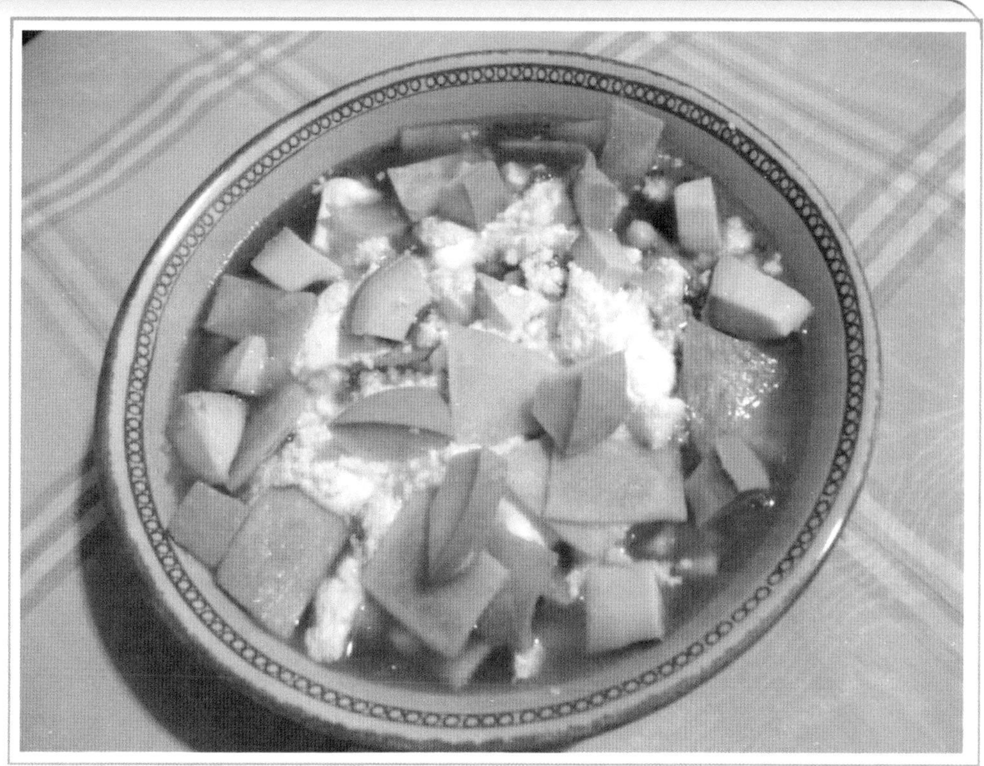

En una parrilla o estufa de gas, tueste los elotes un poco, luego desgrane.

Tome los jitomates y en la parte de abajo haga un corte en cruz, ponga en una cacerola, junto con los jalapeños y cubra con agua. Cuando la piel de los jitomates se ve que está arrugada apague, retire del agua, deje enfriar y retire la cáscara. Ponga en la licuadora los jitomates, los jalapeños, la cebolla, el ajo y 2 tazas de caldo de pollo, licúe.

Ponga a calentar una cacerola con 2 cucharadas de aceite, sofría el jitomate, agregue el elote desgranado, el resto de caldo, sazone con sal y cuando rompa el hervor apague.

Corte las tortillas en cuadros de tamaño mediano y fría en abundante aceite de poco en poco; si tiene una freidora podrá freír todo más rápido, pero si usa un sartén, puede que tenga que freír en varias partes.

Para servir: Sirva un poco del caldillo de jitomate, luego un poco de carne de pollo, tortillas fritas, queso, crema y aguacate.

Pozole rojo

⌛ 120 minutos
6 porciones

Ingredientes:

2 lb (900 g) carne de cerdo pierna o cabeza de cerdo también se puede usar pollo
6 chiles guajillos
½ cebolla
4 dientes de ajo
3 hojas de laurel
1 cucharadita de orégano
1 cucharadita de tomillo
1 lb (450 g) maíz mote

Para acompañar el pozole:

Lechuga picada o col
Cebolla picada
Orégano molido
Tomillo molido
Rábanos en rodajas
Limones partidos
Chile piquín
Tostadas

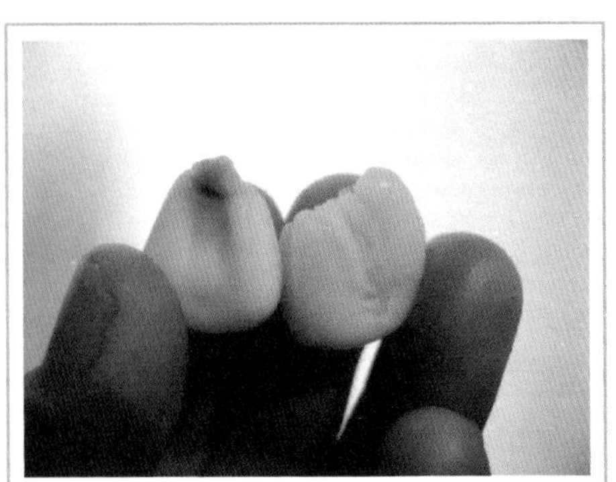

Para agregar la carne al maíz, depende mucho de la clase de maíz que esté usando, para ver las clases del nixtamal y ver los tiempos aproximados de cocción (ver página 19).

Ejemplo: Si el maíz tarda 4 horas en reventar, la carne se agrega 2 horas después de haber puesto el maíz y en los que se cocina la carne que son 2 horas, estará listo el maíz y la carne a la vez.

Ponga una olla con 5 litros de agua y el maíz mote pelado, previamente remojado y sin cabeza. Cuando rompa el hervor, baje a fuego medio y deje que se cocine por 2 horas; luego agregue la carne, el tomillo, el orégano, las hojas de laurel y 1 cucharada de sal. Ponga a remojar los chiles guajillos (ver página 20).

Ponga en la licuadora los chiles guajillos sin el caldo, la cebolla, los ajos y 2 tazas de caldo donde se está cocinado la carne, licúe, cuele y agregue a la olla. Sazone con sal hasta que el maíz haya reventado, no la agregue antes, ya cuando el maíz reviente absorberá la sal más fácil.

Una vez lista la carne se saca de la olla, se deshebra y se regresa o se pone en un refractario para que las personas escojan a su gusto.

Sirva el pozole. Ponga en la mesa, tostadas, cebolla picada, lechuga picada o col, limones, orégano molido, rábanos, tomillo molido y chile piquín, para que cada quien lo prepare a su gusto.

Para cocinar pozole con maíz de lata:

Ingredientes:

2 lb (900g) pierna o cabeza de cerdo
1 lata de maíz pozolero de 6 lb 9 oz
(3 kg)
aquí en U.S.A. se encuentra como hominy
1 cebolla
2 dientes de ajo
5 chiles guajillos
3 hojas de laurel
Una pizca de orégano
Una pizca de tomillo

Para acompañar el pozole:

Lechuga picada o col
Cebolla picada
Orégano molido
Tomillo molido
Rábanos en rodajas
Limones partidos
Chile piquín
Tostadas

Ponga la carne en una cacerola de buen tamaño cubra con agua, agregue ½ cebolla y un poco de sal. Cuando rompa el hervor baje a fuego medio, cocine por 2 horas o hasta que la carne este cocida, retire la carne del caldo y deshebre o pique.

Ponga a remojar los chiles (ver página 20), cuele.

Ponga en la licuadora los chiles, el resto de la cebolla y los ajos, licue, cuele y reserve.

El maíz enlatado ya está cocido, solo cuele y lave muy bien. Agregue el maíz al caldo donde se cocinó la carne, luego la carne, cuando rompa el hervor. Vierta el chile molido, el laurel, el orégano y el tomillo, espere a que rompa el hervor de nuevo, baje a fuego medio y cocine por 30 minutos más, por ultimo verifique de sal.

Sirva el pozole. Ponga en la mesa tostadas, cebolla picada, lechuga picada o col, limones, orégano molido, rábanos, tomillo molido y chile piquín para que cada quien lo prepare a su gusto.

Crema de papa

30 minutos
6 porciones

Ingredientes:

1 lb (450g) papas rojas
4 rebanadas de jamón picado
3 cucharadas de mantequilla
2 a 3 tazas de leche
Sal al gusto

Ponga las papas en una cacerola, cubra con suficiente agua, cocine por 1 hora o hasta que las papas estén suaves. Deje enfriar, pele, corte en cuadros y ponga en la licuadora junto con 2 tazas de agua, licúe muy bien. Reserve

Ponga a calentar una cacerola y derrita la mantequilla, luego sofría el jamón por un minuto, agregue las papas molidas y de 2 a 3 tazas de leche, eso depende de que consistencia usted quiera la crema. Sazone con sal e incorpore bien. Una vez que rompa el hervor baje a fuego muy bajo, cocine por 5 minutos más y apague.

Tacos

Tacos al pastor

90 tacos chicos

Ingredientes:

Para la carne:
8.5 lb (4 kg) cabeza de lomo o pierna
2 cebollas blancas fileteadas finamente
1 piña

Para servir:

Tortillas chicas
Cilantro picado
Cebolla picada
Salsa
Limones

Para el marinado:

5 chiles guajillos
5 chiles puyas
½ taza de vinagre
1 cebolla chica
1 taza jugo de naranja
1 pizca de orégano
2 dientes de ajo
1 cucharada de sazonador en polvo
2 oz (50 g) de achiote
1 raja de canela de 5 cm
4 gotas de colorante color amarillo-naranja
1 pizca de pimienta blanca
1 rebanada de piña sin el centro
Sal al gusto

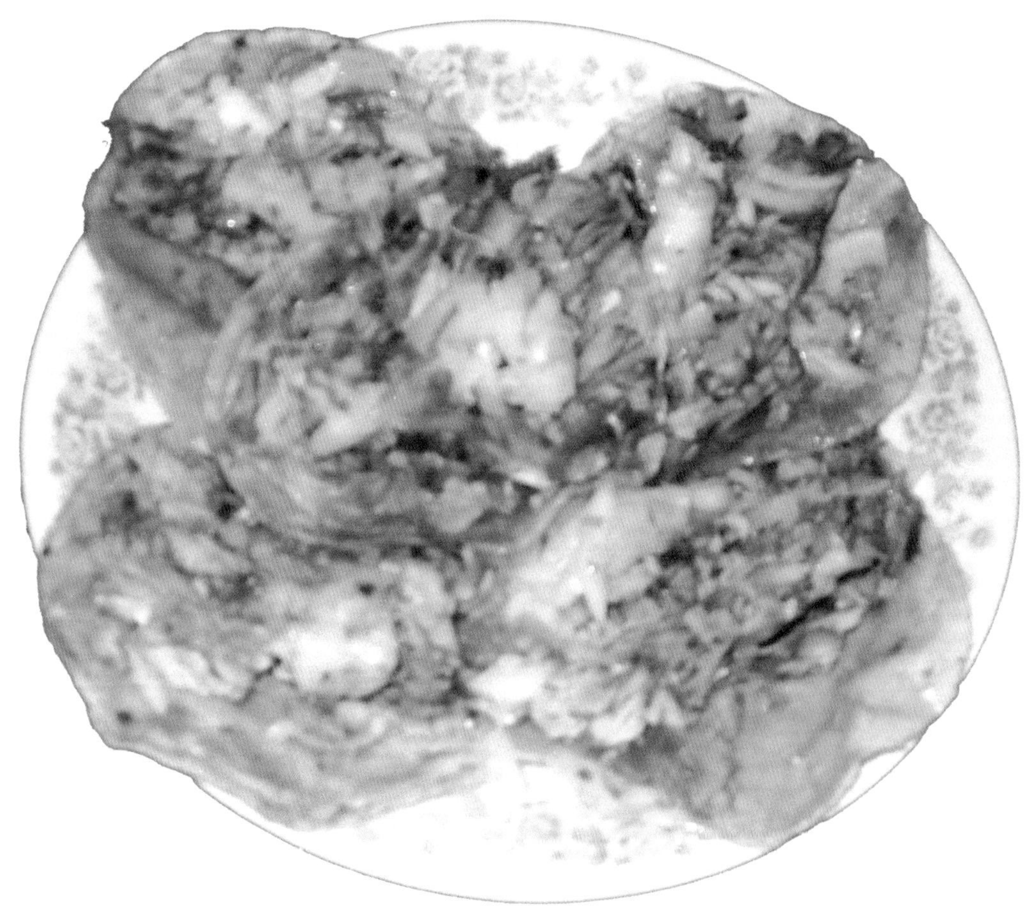

Para el marinado

Retire las semillas de los chiles y remoje (ver página 20), ponga los chiles en la licuadora junto con el resto de los ingredientes para el marinado.

La carne se recomienda es la cabeza de lomo, es una de las partes más caras, pero sin duda vale la pena, en caso de querer hacerla rendir por su precio puede mezclarla con pierna, pida al carnicero que se la corte en filetes lo más delgado posible.

En el trompo

En caso de tener su trompo para carne al pastor también puede utilizar una carne llamada lardo, esta carne le dará un sabor inigualable a los tacos y mientras más fresca mejor. Pinte la carne con el marinado, puede usar de las 3 carnes, así que tendrá que ir intercalando capas, ejemplo, primero se pone hasta abajo una cebolla entera, luego empiece a darle forma a su pastor con la carne de cabeza de lomo, luego una capa de lardo, luego una capa de pierna, luego una capa de cebolla fileteada y por último una capa de piña en rebanadas muy delgadas, no use el centro de la piña, así repita apretando lo más que pueda su carne, para que no quede floja, los pedazos que vayan colgando corte y meta por en medio, repita todas las capas hasta terminar con pura carne y hasta arriba ponga su piña, para ponerle a los tacos al momento de servir.

Cuando termine de preparar la carne en el trompo, se prende el fuego para comenzar a sellar la carne, cuando tenga un color rojizo ya esta lista, se le va dando vueltas conforme se va cortando la carne para servir, si deja el fuego prendido y no está cortando la carne se va a dorar, por eso cuando no este cortando apague, si le sobra carne se desarma el trompo y se mete al refrigerador, al otro día se mezcla con la carne fresca.

En el comal

Corte los filetes en cuadritos, agregue poco a poco la salsa para marinar, la suficiente para pintar la carne, deje reposar por una hora, ponga a calentar un comal con un poco de aceite, sofría la carne con un poco de cebolla fileteada y trozos de piña picada, hasta que la carne esté cocida, caliente tortillas, prepare los tacos sirva con cebolla y cilantro.

En la parrilla

Tome un poco de marinado con una brocha de cocina, pinte los filetes con el marinado, ase la carne hasta que esté cocida, caliente tortillas y sirva los tacos con un trozo de piña, cebolla y cilantro.

Nota: No deje demasiado tiempo la carne afuera del refrigerador, deje por mucho 2 horas afuera del refrigerador, tampoco deje que al sol le pegue a la carne.

Tacos de carnitas

120 minutos
24 tacos

Ingredientes:

6 lb (2.7 k) carne de cerdo (la carne que más le guste)
4 lb (1.8 k) manteca de cerdo
3 naranjas

Para servir:

Cebolla picada
Cilantro picado
Salsa
Tortillas
Limones partidos

Para condimentar:

1 lata leche evaporada de 6 oz (177ml)
1 cerveza
1 pizca comino
1 pizca orégano
1 pizca tomillo
5 hojas de laurel
½ rajita de canela
1 rebanada de piña
1 cebolla
4 dientes de ajo
3 cucharadas sal
¼ cucharadita de sal praga

Nota: Es muy difícil encontrar todas las carnes de cerdo aquí en Estados Unidos, si no las encuentra solo agregue en este orden lo que tenga a su alcance. Abajo les muestro el tiempo de cocción de cada carne para que sea más exacto.

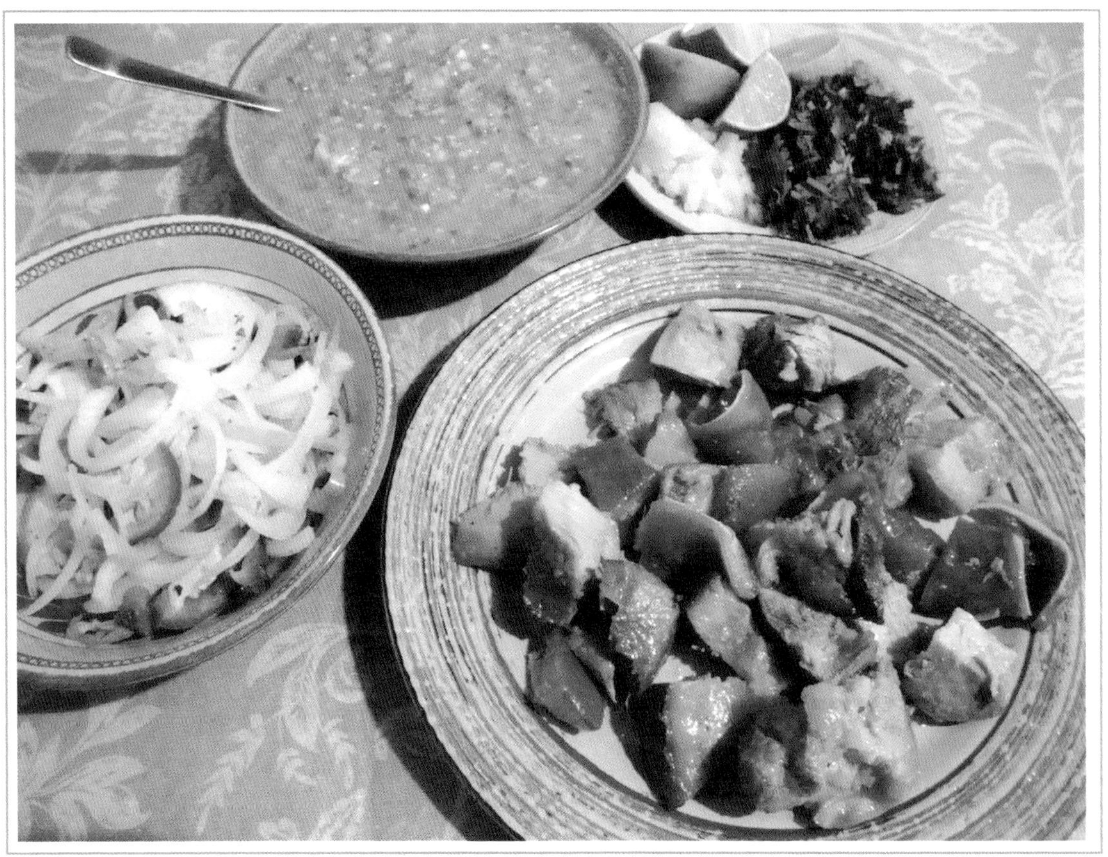

En un cazo u olla agregue la manteca para que se derrita, mientras esta solida agregue 2 vasos de agua y deje que la manteca rompa el hervor; en total el tiempo de cocción de la carne es de 2 horas. Primero agregue el buche y lo dejamos hasta que empiece a flotar; baje a fuego bajo. Después agregue la maciza o pierna, lengua, costilla y chamorro. Parta por mitad las naranjas, exprima el jugo a la carne y agregue también las cáscaras a la carne, espere 20 minutos y en caso de haber comprado nana, oreja, trompa, cachete agregue en este momento y espere otros 30 minutos; por último agregue el cuero delgado. Inmediatamente agregue los condimentos de la carne, si gustan los pueden moler pero es lo mismo; así enteros, la manteca quedará más limpia para volverla a usar. Lo dejamos por una hora más hasta que toda la carne esté bien cocida.

Sirva picando la carne al gusto con tortillas calientes. Si gusta ponga un comal y dore la carne o caliente las tortillas con un poco de manteca.

Deje reposar la manteca restante toda la noche y al día siguiente con mucho cuidado en el traste de su preferencia vierta la manteca transparente y lo que está en el fondo tire a la basura. Guarde la manteca limpia, en el refrigerador, para la próxima vez que haga carnitas.

Es muy importante que mientras se está cocinando la carne, se mueva cada 20 minutos para evitar que se pegue.

Tipo de carne	Tiempo de cocción
Buche	2:05 horas
Lengua	2:00 horas
Maciza o pierna	1:50 horas
Chamorro	1:50 horas
Costilla	1:50 horas
Nana	1:30 horas
Trompa	1:30 horas
Cachete	1:30 horas
Oreja	1:30 horas
Cuero delgado	1:00 hora

Preparación de la canasta

Escoja su canasta.

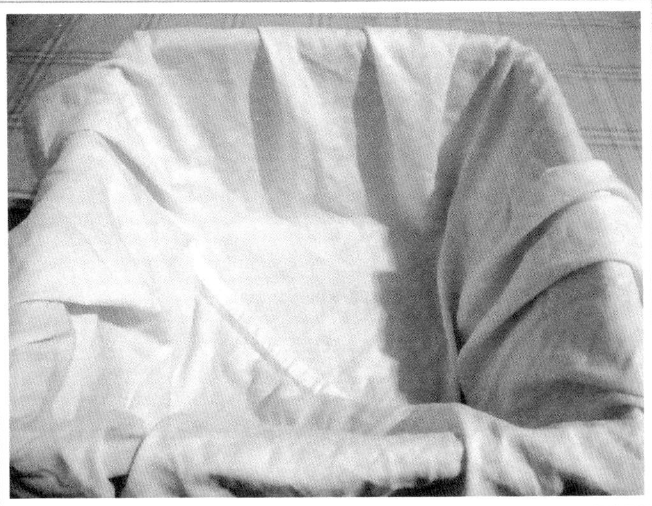

Primero ponga una servilleta de tela grande.

Después ponga un pedazo de papel estraza.

Por último una bolsa de plástico grande.

Nota: Es muy importante que al momento de poner los tacos en la canasta, los guisados deben estar calientes. De este modo al tapar la canasta pueden durar calientes hasta 4 horas o más.

Guisado de frijoles para los tacos de canasta

30 minutos
25 porciones

Ingredientes:

6 tazas de frijoles de la olla con solamente ½ taza de caldo (ver página 15)
½ taza de manteca de cerdo o aceite
Sal al gusto

Ponga a calentar una olla y agregue la manteca, cuando esté caliente agregue los frijoles con la ½ taza de caldo de los mismos frijoles. Deje a fuego alto y cuando rompa el hervor baje a fuego medio y apachurre con un aplastador hasta que estén bien molidos. Sazone con sal y continúe moviendo para que no se peguen de 10 a 15 minutos, hasta que la manteca se integre a los frijoles.

Guisado de chicharrón para los tacos de canasta

30 minutos
25 porciones

Ingredientes:

6 chiles guajillo
¼ de cebolla
2 cucharadas de aceite
1 diente de ajo
1 lb (450 g) de chicharrón prensado
Sal al gusto

Retire las semillas de los chiles, ase (ver página 22), luego ponga a remojar en agua hirviendo hasta que estén suaves, una vez suaves ponga en la licuadora junto con la cebolla y el ajo, añada un poquito de agua, la suficiente para moler y licúe muy bien. Cuele.

Ponga a calentar una cacerola vierta el chicharrón, dore por un momento, vierta la salsa, agregue una pizca de clavo molido, verifique de sal, cocine a fuego muy bajo por 10 minutos o hasta que la salsa haya reducido y quede un guisado seco.

Guisado de papa para los tacos de canasta

90 minutos
30 porciones

Ingredientes:

2 lb papas rojas (900 g)
1 lb (450 g) chorizo o longaniza
2 jalapeños en rajas
1 cebolla picada
Sal al gusto
½ taza de aceite

Ponga las papas en una cacerola cubra con agua y agregue 1 cucharada de sal, cocine hasta que las papas estén suaves, aproximadamente 50 minutos, eso depende de la edad de las papas; para ver si ya están listas meta un tenedor y si entra fácil ya están. Saque las papas, deje enfriar, retire la cáscara y apachurre con un aplastador.

Ponga a calentar una cacerola con el aceite, sofría el chorizo, los chiles y la cebolla, hasta que el chorizo esté bien cocido. Agregue las papas, sazone con sal e incorpore bien.

Preparación de la cebolla para los tacos de canasta

15 minutos

Ingredientes:

3 cebollas en rajas
¼ taza de aceite
Una pizca de orégano
Una pizca de sal

Ponga a calentar el aceite, sofría la cebolla, baje a fuego medio y cocine hasta que la cebolla esté transparente. Por último agregue el orégano y la sal, apague.

Aceite para pintar los tacos de canasta

15 minutos

Ingredientes:

8 chiles guajillos sin semilla sin remojar
1 taza de aceite

Ponga los chiles y el aceite en la licuadora, licúe muy bien. Caliente el aceite, por unos 5 minutos a fuego medio, deje enfriar.

Preparación de los tacos de canasta

Ponga un poco de aceite para pintar alrededor de las tortillas y ponga en un comal caliente.

Caliente muy bien las tortillas.

Ponga una porción de guisado y doble.

Acomode los tacos en la canasta separando los diferentes guisados en montones. En cada capa de tacos ponga un poco de la cebolla sofrita.

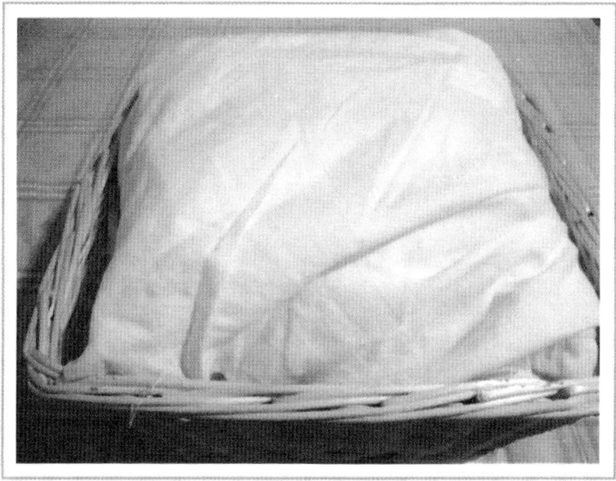

Tape muy bien los tacos, para que conserven todo el calor.

Deje que suden por 1 hora y listo.

Tacos de suadero

180 minutos
12 tacos

Ingredientes:

2 lb (950g) carne para suadero
El jugo de 3 naranjas
2 lb (950g) manteca de cerdo
4 tazas de agua
Sal al gusto

Para acompañar:

Tortillas
Cilantro picado
Cebolla picada
Salsa
Limones

Haga unos cortes a la carne (Fig. 1) agregue el jugo de naranja y un poco de sal. La carne se deja marinar una hora.

Ponga a calentar una olla, vierta la manteca y el agua, prenda el fuego, el agua hará que la carne no se fría. Si pusiéramos pura manteca la carne terminaría súper dorada, por eso se le pone agua, para que a su vez la carne se cocine sin freír. Cocine a fuego medio, hasta que la carne esté suave, aproximadamente 90 minutos.

Pique la carne, ponga a calentar tortillas con un poco de la manteca, donde se cocinó la carne, ponga una porción de carne en la tortilla, sirva los tacos acompañados de cebolla, cilantro, salsa y limones.

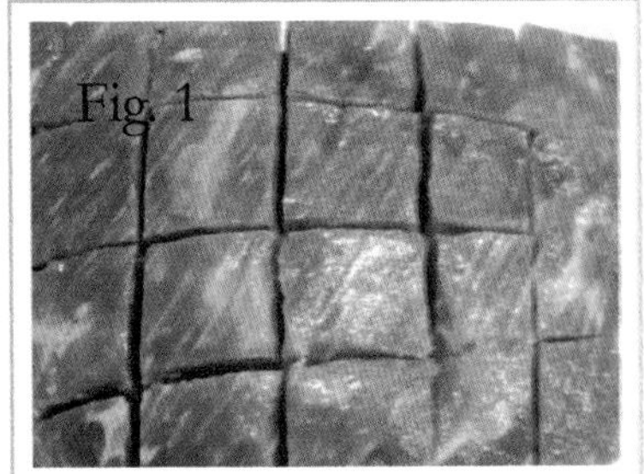
Fig. 1

Tacos de tripa

⌛ 90 minutos
12 tacos

Ingredientes:

2 lb (900 g) tripa gorda de res
½ cebolla
4 dientes de ajo
Sal al gusto

Para acompañar:

Tortillas
Cilantro picado
Cebolla picada
Salsa
Limón

Lave la tripa muy bien con agua fría, tome una punta de la tripa y meta en la llave de agua; de este modo le entrara agua a la tripa, para que esté bien limpia, ponga una olla con la tripa, la cebolla, los ajos y 1 cucharadita de sal, cubra con suficiente agua, cocine por 1 hora.

Vierta la tripa en un escurridor, córtela tripa en tiras y ponga a dorar sin aceite ya que está irá soltando poco a poco su misma grasa. Cocine hasta que esté bien dorada y haya soltado toda la grasa. Sirva en tacos tratando que estén bien calientes. Acompañe con limón, cilantro, cebolla y salsa.

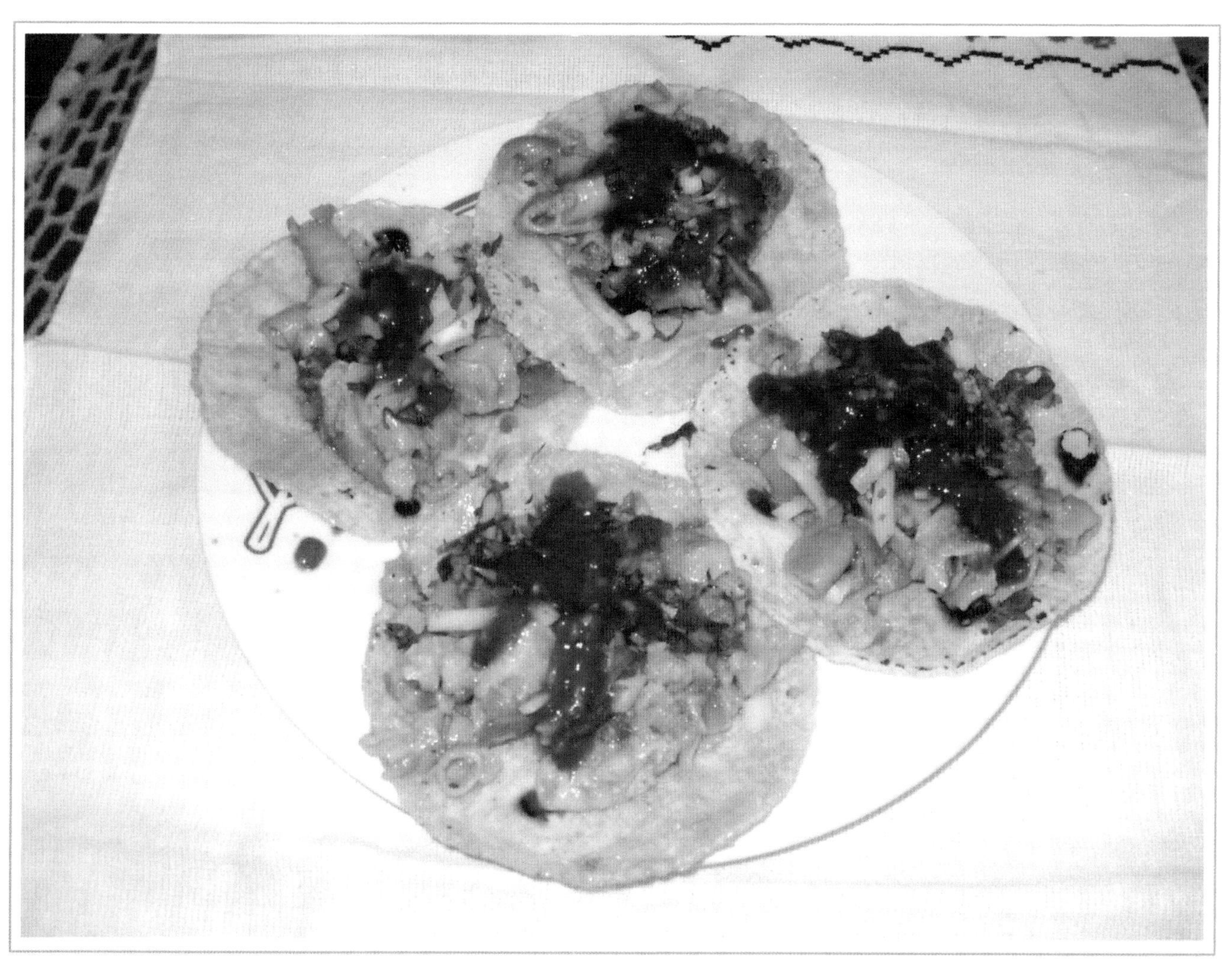

Tacos al vapor

⌛ **4 a 5 horas**

Ingredientes:

1 Cabeza de res
Sal al gusto

Para servir:

Tortillas
Cilantro picado
Cebolla picada
Salsa

Para preparar los tacos al vapor o de cabeza, ponga agua en el fondo de una vaporera de buen tamaño, para que quepa la cabeza. Sazone con sal y tape. El tiempo de cocimiento depende del tamaño y la edad de la res; el tiempo aproximado es de 4 a 5 horas o hasta que la carne se desprenda sola.

Una vez cocida la carne retire la cabeza de la vaporera. Y en el fondo ponga un plástico transparente encima de la rejilla, conserve el fuego bajo; ahí adentro caliente sus tortillas entre la rejilla donde sale el vapor y el plástico. Agregue carne picada, cebolla, cilantro, limón y salsa al gusto.

Salsa verde

30 minutos
4 porciones

Ingredientes:

3 chiles jalapeños picados
4 tomates medianos
½ cebolla
4 ramitas de cilantro
½ diente de ajo picado finamente
¼ vaso de agua
1 aguacate maduro
Sal al gusto

Ponga en la licuadora los tomates, el cilantro, los chiles, la cebolla y el ajo, licúe muy bien, agregue la pulpa del aguacate y solo licúe por un segundo, vierta la salsa en un plato profundo y sazone con sal.

Para que la salsa no se ponga negra, reserve el hueso del aguacate y ponga a la salsa o agregue unas gotas de limón.

Salsa roja

30 minutos
4 porciones

Ingredientes:

2 jitomates medianos
5 tomates medianos
10 chiles de árbol
¼ cebolla
1 ajo picado
Sal al gusto

Ponga los jitomates, los tomates y los chiles en una olla pequeña, cubra de agua, cuando rompa el hervor baje a fuego medio y cocine por 5 minutos más, apague y deje enfriar.

Ponga todo lo anterior en la licuadora con ¼ taza agua donde hirvieron los jitomates, los chiles, la cebolla y el ajo, licúe muy bien, vierta en un plato profundo, sazone con sal.

Salsa mexicana

⌛ 30 minutos
4 porciones

Ingredientes:

5 chiles serranos o 3 jalapeños
2 jitomates
1 diente de ajo
Cilantro picado
½ cebolla picada
1 aguacate picado
Sal al gusto

Ase los chiles y los jitomates (ver página 22), ponga en el molcajete, el ajo, los chiles y un poco de sal. Martaje hasta tener un puré, agregue el jitomate y martaje muy bien. Agregue la cebolla, el cilantro y el aguacate, incorpore bien. Por último verifique de sal.

Salsa habanera

⌛ 30 minutos
4 porciones

Ingredientes:

6 habaneros
1 jitomate
½ cebolla
1 diente de ajo
Sal al gusto

Ponga los chiles y el jitomate en una cacerola pequeña y cubra con agua. Cuando rompa el hervor apague. Espere a que enfríe un poco y vierta en la licuadora con muy poca agua; agregue la cebolla y el ajo, licúe. Vierta en un plato profundo, por último sazone con sal.

Ensalada para valientes

⌛ 30 minutos
5 porciones

Ingredientes:

5 chiles habaneros picados finamente
1 cebolla grande fileteada
2 jalapeños picados en rajas
El jugo de 1 limón
Una pizca de orégano
¼ taza de vinagre blanco
Sal al gusto

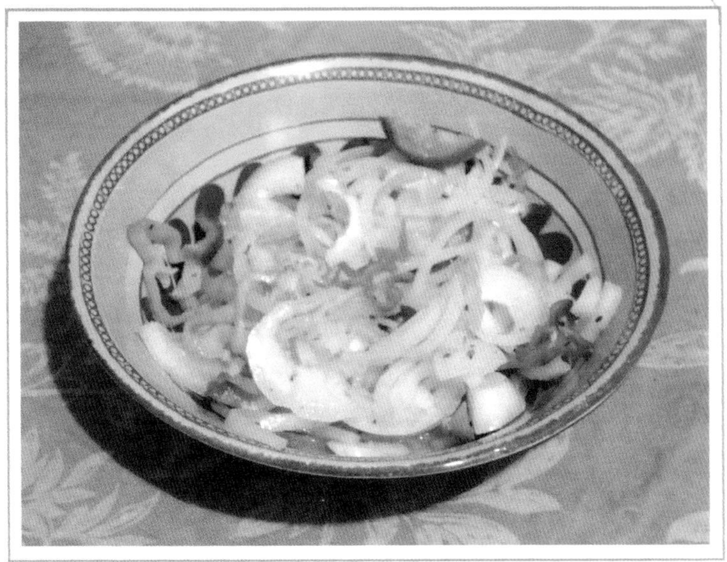

Ponga todos los ingredientes en un refractario, sazone con sal al gusto y mezcle muy bien.

Esta ensalada es ideal para tacos de carnitas o cochinita pibil.

Pico de gallo

⌛ 30 minutos
4 porciones

Ingredientes:

2 jitomates picados
2 chiles jalapeños picados
1 cebolla chica picada
Cilantro picado
Unas gotas de limón
Nopales cocidos (opcional)
(ver página 24)
1 aguacate picado en cuadros
Sal al gusto

Ponga todos los ingredientes en un refractario, sazone con sal al gusto y mezcle muy bien.

Guacamole verde

20 minutos
4 porciones

Ingredientes:

3 habaneros picados o jalapeños
5 hojas de pápalo picado (opcional)
3 aguacates
½ cebolla picada
Sal al gusto

Retire la cáscara y el hueso del aguacate, ponga la pulpa en un molcajete o plato, con un tenedor martaje la pulpa hasta hacerla puré, agregue el habanero, la cebolla y las hojas de pápalo, incorpore bien. Por último sazone con sal al gusto.

Para que el guacamole no se haga negro, agregue el hueso del aguacate o unas gotas de jugo de limón.

Guacamole rojo

20 minutos
4 porciones

Ingredientes:

6 chiles puyas sin semillas
1 aguacate
1 diente de ajo
¼ de taza agua
Sal al gusto

Primero ase los chiles (ver página 22), ponga en el molcajete los chiles junto con el ajo, un poco de agua y una pizca de sal, martaje muy bien. Agregue la pulpa del aguacate y martaje hasta incorporar todo, por último verifique de sal.

Bebidas y postres.

Ponche

120 minutos
15 porciones

Ingredientes:

1 lb (450 g) guayaba
1 lb (450 g) tejocote
2 flores de jamaica
2 tamarindos pelados
½ caña
½ taza de ciruela pasa
2 manzanas partidas en 4
1 raja grande de canela
Azúcar al gusto o piloncillo
4 litros de agua

La caña se debe de pelar muy cuidadosamente; retirar la cáscara de las orillas y parta en trozos de 6 pulgadas de largo (15 cm) después parta por la mitad. Si se le hace muy complicado pelarla, lave muy bien y corte en trozos largos, parta en trozos por la mitad, es preferible pelarla pero a veces si no tiene con un buen cuchillo resulta bastante complicado.

Primero ponga en una olla el agua, el tejocote, la caña, la canela, la flor de jamaica y el tamarindo. Prenda la lumbre cuando rompa el hervor, baje a fuego medio, agregue el azúcar, hierva por 30 minutos, agregue el resto de los ingredientes y deje hervir por 30 minutos más, apague o deje a fuego muy bajo por 1 hora más y tendrá un sabor más concentrado.

Pastel 3 leches

120 minutos
10 rebanadas

Ingredientes:

Para el pastel:

1 caja de pastel preparada
Revise el reverso de la caja para ver que ingredientes necesitará
2 moldes para hornear de vidrio o aluminio
Un poco de aceite para engrasar los moldes

Para la crema chantilly:

16 oz (473 ml) crema lyncott para batir o heavy cream, en U.S.A
6 cucharadas de azúcar
1 chorrito de vainilla o licor

Para el relleno:

1 lata de 29 0z (822g) duraznos en almíbar

Para las 3 leches:

I lata de 5 oz (147ml) de leche condensada
1 lata de 5 oz (147ml) de leche evaporada
¼ taza de leche de vaca

Para hacer el pastel siga las instrucciones detrás de la caja. Usualmente hay que agregar, huevos, aceite, leche o agua, bata por unos minutos y listo, pero cada caja es diferente, de este modo es más fácil y más económico que hacer un pastel desde el principio. Una vez que hizo la mezcla, engrase adentro de los moldes con un poco de aceite, vierta en 2 moldes de la misma forma y tamaño. De igual modo hornee siguiendo las instrucciones en la caja, usualmente se tarda 40 a 50 minutos o hasta que introduzca un palillo y salga limpio, retire del horno y deje enfriar.

Un tip muy bueno para que la crema batida tenga mejor textura es meter al congelador el refractario donde se va a batir la crema.

Retire el refractario del congelador cuando esté bien frío. Vamos a hacer la crema batida o chantilly para decorar el pastel. Mezcle todos los ingredientes para la crema y bata con una batidora a velocidad alta, hasta que la mezcla tenga la consistencia de crema batida e inmediatamente meta al refrigerador.

Vierta las 3 leches en un plato profundo y mezcle hasta incorporar.

Saque los duraznos de la lata y corte en pedazos delgados.

Una vez que está frío el pastel retire una de las partes del refractario y ponga en el plato donde va a decorar. Con un tenedor haga unos agujeros en el pan, para que absorba las leches. Con una cuchara poco a poco vaya agregando las leches, el mismo pan las irá absorbiendo, pare de agregar hasta que considere que está húmedo. Encima ponga la mitad de los duraznos cortados, ponga un poco de la crema batida, tome la segunda parte de pastel voltee boca abajo y coloque encima de los duraznos. Repita haciendo agujeros pequeños en la parte de arriba y agreguc un poco de las leches. Para decorar ponga una capa todo alrededor de crema batida, cubra la parte de arriba, también cubra los lados, es bastante difícil decorar un pastel como los de las pastelerías, además que se ocupan herramientas especiales, así que no se preocupe si a la primera no le queda muy bien, con el tiempo irá mejorando. Si quiere decorarlo más ponga un poco de crema en un plato y agregue colores comestibles al gusto, use una manga de repostería con alguna duya.

Una vez que cubrió su pastel de crema batida, puede decorar con el resto de los duraznos, para una decoración sencilla.

Agua de Jamaica

⌛ 40 minutos
3 litros

Ingredientes:

2 oz (60 g) Jamaica
3 litros de agua
Azúcar al gusto

Ponga a calentar un pocillo con 2 tazas de agua, cuando rompa el hervor, agregue la jamaica y apague. También puede dejar la jamaica toda la noche remojando en agua sin necesidad de hervirla.

Ponga el resto del agua en una jarra con hielos, endulce con azúcar al gusto. Usando un colador fino vierta la jamaica con todo y el agua, mezcle bien y listo.

Agua de horchata

⌛ 30 minutos
3 litros

Ingredientes:

3 litros de agua
1 lata leche evaporada
1 lata leche condensada
1 raja de canela
½ taza de arroz
Azúcar al gusto

Primero tueste la canela en un comal. Ponga a remojar la canela y el arroz en agua tibia por 4 horas o con agua fría toda la noche.

Ponga en la licuadora el arroz, la canela, las leches en lata y licúe muy bien. Usando un colador fino vierta en la jarra con el agua, agregue azúcar al gusto ponga a enfriar y listo.

Jarabe de tamarindo

45 minutos
6 litros

Ingredientes:

1 lb (450 g) tamarindo
1 ½ litros de agua
26 oz (750 g) azúcar
4 tazas de agua
2 tazas de agua para colar

Retire la cáscara del tamarindo, ponga en un pocillo con las 4 tazas de agua y cuando rompa el hervor agregue el azúcar y deje hirviendo a fuego bajo por 10 minutos. Una vez que esté listo deje enfriar. Ponga un colador encima de un refractario y vierta el tamarindo con todo y el jarabe, apachurre con las manos tratando de sacarle toda la pulpa posible al tamarindo. Vaya haciendo presión en el colador para sacar la pulpa, cuando ya crea que es necesario vierta 2 tazas más de agua para que sea más fácil pasar la pulpa por el colador. Tire los restos del tamarindo y listo. Esté jarabe le hará rendir para 5 o 6 litros de agua, dependiendo su gusto, simplemente llene su jarra con agua y agregue el jarabe a su gusto.

Con esté jarabe también puede preparar raspados.

Agua de perejil

20 minutos
4 litros

Ingredientes:

1 ramo de perejil
4 litros de agua
7 limones chicos o 3 grandes
Azúcar al gusto

Ponga el agua en la jarra, endulce al gusto. Tiene que escoger las hojas del perejil, no use el tallo, se necesita una cantidad de 1 ½ tazas de las hojas, lave las hojas. Ponga las hojas de perejil en la licuadora y agregue 2 tazas de agua de la jarra, licúe, tome un colador fino y sostenga encima de su jarra y cuele el perejil, a la vez que vierte a su jarra. Por último exprima el jugo de los limones, ponga a enfriar o agregue hielos.

Tip: Siempre endulce primero el agua ya que así usará menos azúcar, si lo hace todo al revés, sin darse cuenta ocupará más azúcar para endulzar el agua.

Arroz con leche

45 minutos
5 porciones

Ingredientes:

¼ taza de arroz
2 tazas de agua
1 rajita de canela
1 litro de leche
1 lata de leche condensada
Azúcar al gusto

En una olla se pone el arroz, el agua y la canela. Cuando rompa el hervor baje a fuego bajo y se deja 10 minutos más.

Agregue la leche normal y la leche condensada, azúcar al gusto, esperamos que hierva nuevamente, inmediatamente se le baja al fuego se deja hervir 5 minutos más, apague y sirva.

Las medidas de esta receta son para que no quede con mucho ni poco arroz. Para hacerla a su gusto modifique la cantidad de arroz que le van a poner.

Atole de masa

30 minutos
4 porciones

Ingredientes:

4 tazas de agua
1 raja canela
1 tableta de chocolate
½ taza de harina de maíz para tortillas
¾ taza de agua
Azúcar al gusto

Ponga a hervir el agua con la canela y el chocolate, revuelva el agua y la harina de maíz. Cuando rompa el hervor baje el fuego al mínimo, agregue la mezcla de harina y agua. Tiene que agregar poco a poco y batir muy rápido si no, se le harán grumos. Por último endulce con azúcar. Debo aclarar que en Oaxaca y otros estados a esté se le conoce como champurrado o chocolate.

Si lo desea puede agregar más chocolate o en lugar de azúcar endulce con piloncillo poniendo a hervir al principio para que se desbarate.

Champurrado o Chocolate

45 minutos
6 porciones

Ingredientes:

2 litros de leche
1 tableta de chocolate
1 raja de canela
3 cucharadas de maizena sin sabor
Azúcar al gusto

La única diferencia entre el champurrado y el chocolate es la maizena, para hacer el chocolate solo omita la maizena y listo, siga el mismo procedimiento.

Ponga a hervir la leche con el chocolate y la canela. Mientras revuelva muy bien la maizena en media taza de agua, una vez que rompa el hervor baje el fuego al mínimo y agregue la mezcla de maizena poco a poco y revolviendo rápido para evitar grumos. Deje hervir 5 minutos más para ver la consistencia, si lo desea más espeso agregue más maizena con agua a su gusto. Con estas medidas el champurrado queda en término medio ni muy aguado ni muy espeso. Para hacer chocolate solo omita la maizena. Una vez que hirvió solo deje a fuego bajo por 5 minutos y listo.

Si lo desea puede agregar más chocolate o en lugar de azúcar endulce con piloncillo poniendo a hervir al principio para que se desbarate.

Flan napolitano

120 minutos
8 porciones

Ingredientes:

1 leche condensada
¾ lata leche evaporada
6 huevos
½ taza de leche de vaca
1 barra de queso crema (opcional)
1 pizca de canela molida
Unas gotas de vainilla
2 cucharadas azúcar

Para hacer esté flan ocupamos un molde de metal, vidrio o una fiambrera.

Ponga en la estufa el molde, agregue el azúcar y 1 cucharada de agua, prenda el fuego y derrita el caramelo, no deje que se queme demasiado, solo hasta que tenga un color café, apague y reserve.

Mezcle en la licuadora el resto de los ingredientes. Cabe destacar que con el queso crema, el flan quedará más cremoso, pero no es necesario. Vierta la mezcla en el molde donde hizo el caramelo, si usa una fiambrera tape con la tapa, si no, tape con papel aluminio muy bien para evitar que le entre agua al flan. Se pone a baño María (ver página 9), se puede hacer en la estufa o en el horno, una vez que el agua empiece a hervir baje a fuego bajo cocine por 1 hora o hasta que el flan esté listo. También puede usar la olla express; meta el molde bien tapado a la olla express, ponga agua hasta la mitad del molde donde está el flan, tape y cuando la olla haga presión baje a fuego medio y cocine por 25 minutos.

Para saber si ya está listo el flan se retira de la olla, se destapa y luego se dará cuenta si en medio se ve como líquido le falta un poco, vuelva a tapar y cocine por otro rato más. Cuando ya esté listo se deja a temperatura ambiente a que enfríe y se mete al refrigerador a que enfríe más. No haga el intento de sacar el flan caliente, si no, todo su esfuerzo será en vano; espere que esté frío y pase un cuchillo por los lados, ponga encima del molde un plato y voltee rápidamente hasta que salga en flan.

Chocoflan

⌛ 90 minutos
10 porciones

Ingredientes:

Para el flan:

1 lata leche evaporada
1 lata leche condensada
6 huevos
1 cucharada de vainilla
5 cucharadas de azúcar para el caramelo o cajeta

Para el pan:

Una caja de harina preparada para pastel sabor chocolate revise el reverso de la caja para ver que ingredientes necesitará

Ponga un sartén de teflón a calentar, agregue el azúcar y 1 cucharada de agua, prenda el fuego y derrita el caramelo, no deje que se queme demasiado el caramelo, solo hasta que tenga un color café, rápidamente vierta en el molde para el flan. También puede omitir el caramelo untando cajeta alrededor del molde.

Siga las instrucciones de la caja para preparar el pastel, ya que cada una varía.

Ponga en la licuadora las leches, los huevos y la vainilla, licúe.

En el molde vierta primero la mezcla del pastel, luego vierta la del flan con cuidado; si nota que se revuelve no se preocupe. Hornee en un horno precalentado a 350° F o 180° C a baño María por 1 hora o hasta que esté cocido. Verifique la cocción con un palillo hasta que salga limpio.

Deje enfriar a temperatura ambiente luego, meta al refrigerador a enfriar por 2 horas. Desmolde pasando un cuchillo por la orilla, ponga un plato encima del molde, inmediatamente voltee y listo.

Nota: No intente desmoldar el flan caliente, si no, su esfuerzo será en vano.

Flan de rompope

90 minutos
8 porciones

Ingredientes:

1 lata de leche condensada
1 taza de rompope
7 Huevos

Ponga en la licuadora la leche condensada, el rompope y los huevos, licúe bien, vierta en la flanera, cubra muy bien con papel aluminio y cocine a baño María en el horno por 1 hora, a 350° F o 180° C, también puede usar la olla express, cocine durante 20 minutos.

Deje enfriar a temperatura ambiente luego, meta el refrigerador a enfriar por 2 horas. Desmolde pasando un cuchillo por la orilla, ponga un plato encima de la flanera, voltee rápidamente y listo.

Nota: No intente desmoldar el flan caliente, si no, su esfuerzo será en vano.

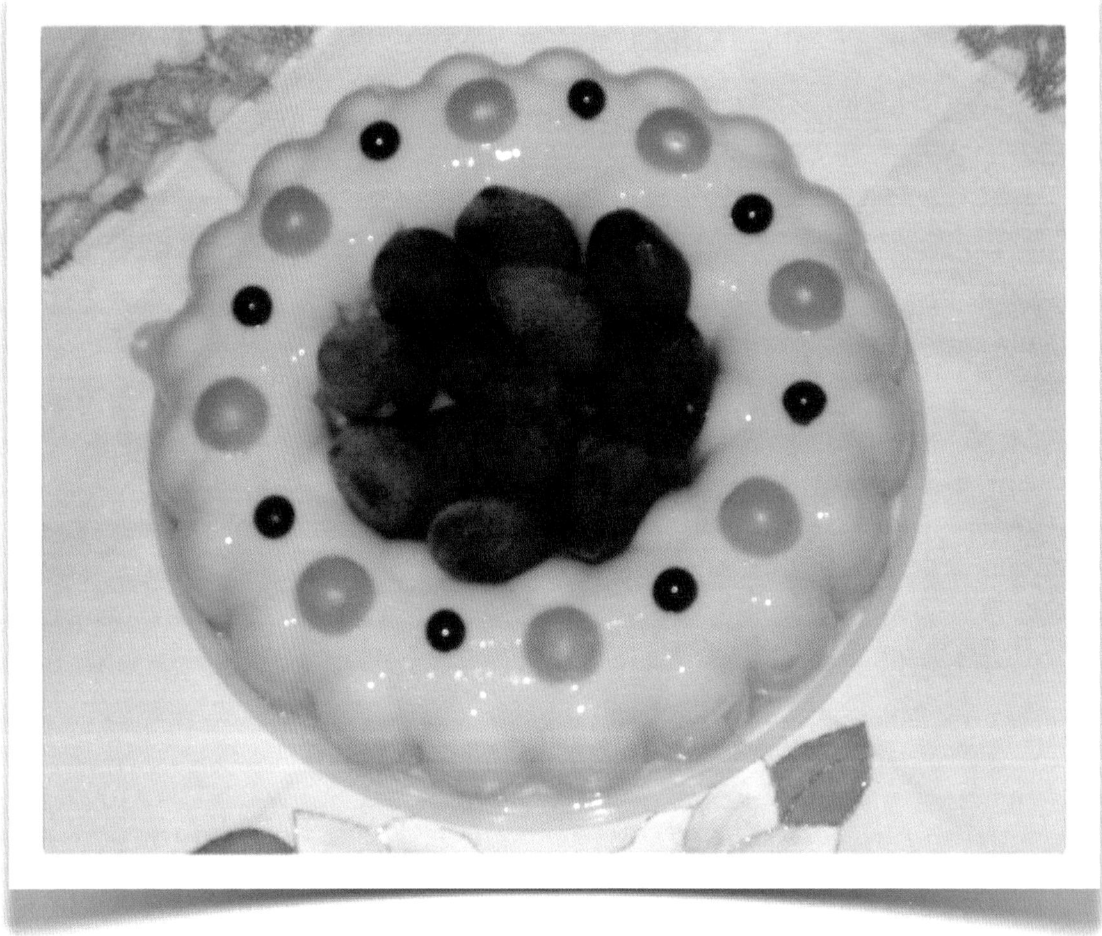

Jericallas

⌛ 60 minutos
6 porciones

Ingredientes:

1 litro de leche
1 taza de azúcar
1 raja de canela
1 cucharadita extracto de vainilla
6 yemas de huevo

Ponga en una olla la leche y la canela, cuando rompa el hervor baje a fuego medio, agregue la vainilla, el azúcar e incorpore bien, apague y espere que la leche esté tibia. Mezcle las yemas con la ayuda de un globo o tenedor, vierta poco a poco en la leche tibia y no pare de mezclar rápidamente hasta que todo esté bien incorporado.

Para hacer las jericallas puede usar moldes de vidrio o de metal. Vierta la mezcla en los moldes y ponga a baño María por 1 hora o hasta que estén cocidas a 350° F o 180° C. Un detalle muy importante es que después que están ya cocidas se prende la parrilla de arriba que está adentro del horno, también llamado broiler en inglés y se dejan las jericallas destapadas por otros 10 minutos, para que se forme una capa dorada (que es lo más rico de la jericalla no todos los hornos tiene está función, pero esta capa dorada es lo que le da un increíble sabor y es lo que distingue a la jericalla.

Flan de maizena

60 minutos
6 porciones

Ingredientes:

2 oz (50g) maizena
3 yemas de huevo
3 cucharadas de azúcar para el caramelo
7 oz (200g) azúcar
2 tazas de agua o leche
1 raja de canela
1 cucharada de vainilla

Ponga en un sartén el azúcar y 1 cucharada de agua, prenda el fuego y derrita el caramelo, no deje que se queme demasiado, solo hasta que tenga un color café, apague e inmediatamente vierta en los moldes.

Vierta ½ taza de agua en la licuadora, prenda y licúe, la maizena, las yemas y la vainilla.

Ponga en una cacerola chica el resto del agua, el azúcar y la canela. Cuando rompa el hervor, baje a fuego medio y espere 2 minutos; retire la canela, baje a fuego muy bajo, vierta la mezcla de la licuadora muy lentamente y mezclando rápidamente.

Vierta la mezcla en los moldes, deje enfriar a temperatura ambiente, luego ponga a enfriar en el refrigerador, después de 2 horas desmolde y listo.

Ensalada navideña

60 minutos
6 porciones

Ingredientes:

3 betabeles medianos
2 lechugas romanas picadas
4 naranjas peladas y picadas
2 jícamas medianas peladas y picadas
1 taza de cacahuates pelados
¼ taza de agua o jugo de naranja
3 plátanos (opcional)
Azúcar al gusto

Ponga los betabeles en una olla y cubra con agua. El nivel del agua debe de sobrepasar 5 centímetros por encima de los betabeles ya que estos son muy duros y van a estar hirviendo por más de 1 hora. Siempre varía el tiempo de cocción, solo deje hervir a fuego medio hasta que los betabeles estén suaves.

Retire los betabeles de la olla y deje enfriar. Luego pele y corte en cubos, mezcle bien con el resto de los ingredientes y agregue azúcar al gusto.

También le puede agregar plátano pero procure de hacerlo cuando va a servir, ya que el plátano se pone de color obscuro si se deja por mucho tiempo.

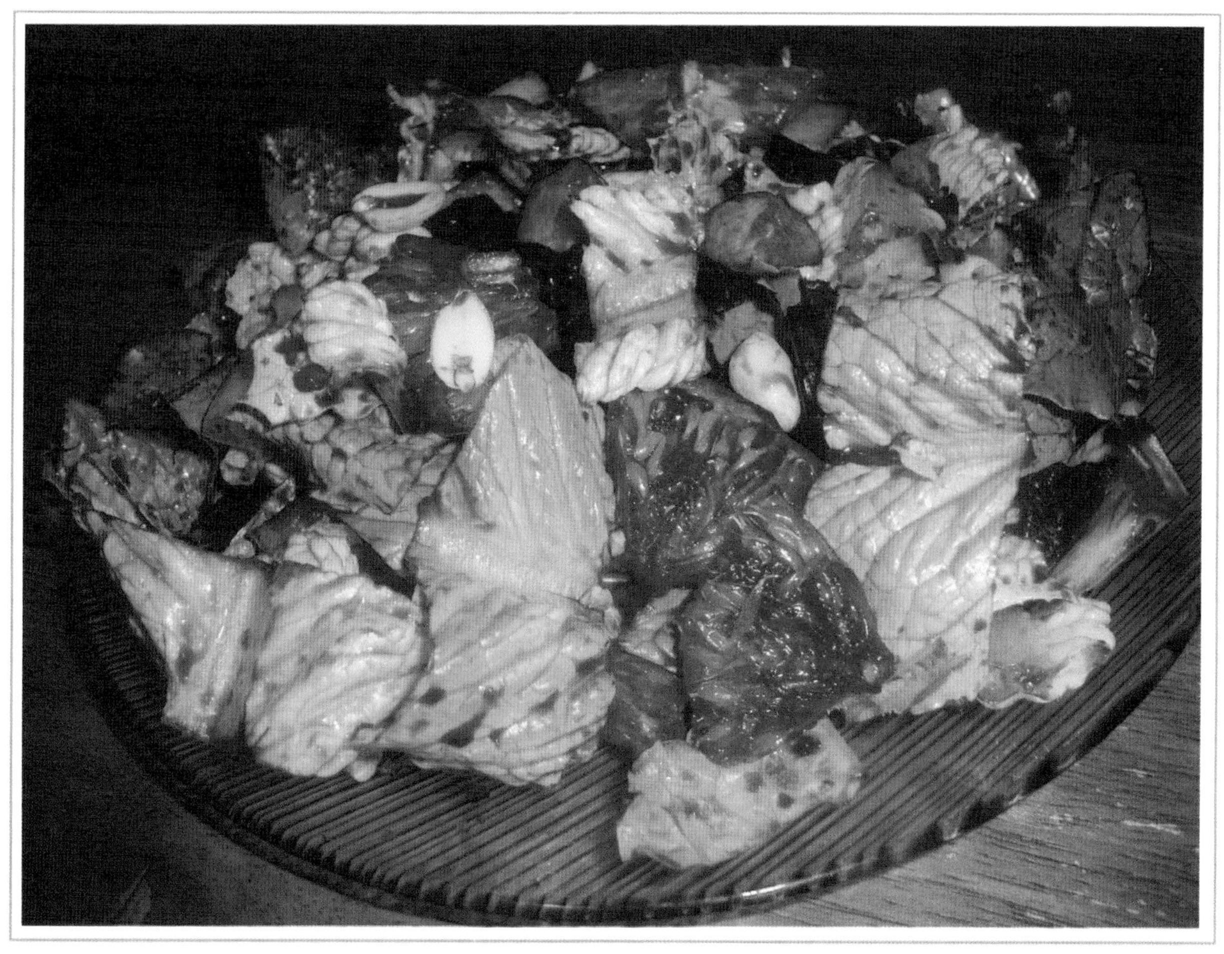

Fresas con crema

30 minutos
5 porciones

Ingredientes:

1 lb (450g) fresas
1 lb (450g) crema mexicana o crema agria
4 cucharadas de azúcar
leche condensada

Lave las fresas y corte el tallo. Córtelas las fresas en 4 partes cada una, ponga en un contenedor, agregue la crema, la leche condensada y el azúcar, incorpore bien y deje reposar toda la noche para que las fresas suelten sabor y color.

Al otro día sirva.

Plátanos machos

30 minutos
4 porciones

Ingredientes:

4 plátanos machos
5 cucharadas aceite
Leche condensada
mermelada y crema

Para escoger un buen plátano maduro, tiene que buscar uno de color un poco obscuro, si el plátano está muy amarillo es que esta verde, debe dejarlos afuera a que maduren, ya que están en su punto los podemos freír.

Pele los plátanos y pique en rodajas un poco gruesas. Ponga a calentar un sartén con el aceite y cuando esté caliente, vierta los plátanos en el sartén. Primero deje freír un lado y cuando el color del plátano sea dorado, voltéelo para freír el otro.

Una vez que estén bien dorados escurra y ponga en un plato con una servilleta absorbente y deje enfriar un minuto, retire la servilleta y sirva con crema, leche condensada y mermelada al gusto.

Gelatina de anís

90 minutos
6 porciones

Ingredientes:

3 ½ cucharadas grenetina
1 taza de azúcar
20 gotas de esencia de anís
2 lb (900 g) uvas verdes sin semilla
2 lb (900 g) uvas rojas sin semilla

Hidratar la grenetina en ½ de taza de agua fría. Trate de no revolver la grenetina con la cuchara, si no, tendrá grumos. La grenetina se va agregando poco a poco al agua hasta que la misma agua la absorba y luego se mezcla bien.

Disuelve el azúcar en 4 tazas de agua; cuando rompa el hervor apague y agregue la grenetina hidratada. Cuando esté bien disuelta añada la esencia de anís.

En un molde vierta la mitad de gelatina y coloque la mitad de las uvas intercalando los colores. Meta al refrigerador por una hora; saque y repite con otra capa de gelatina y uvas, refrigere por 3 horas hasta que haya cuajado por completo.

Piña colada

10 minutos
1 porción

Ingredientes:

½ taza jugo de piña
2 caballitos ron blanco
¼ taza crema de coco
1 rebanada de piña
Hielo al gusto

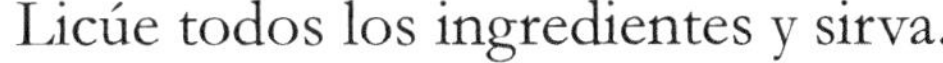

Licúe todos los ingredientes y sirva.

Margarita

10 minutos
1 porción

Ingredientes:

2 caballitos de tequila
1 caballito de triple sec
1 caballito de jugo de limón
El jugo de ½ limón
Sal al gusto
Cubos de hielo al gusto

Tome una copa, frote el limón y escarche con sal y reserve.

Ponga en la licuadora, el tequila, el triple sec, el jugo de limón y 4 cubos de hielo, licúe, sacuda con fuerza para deshacer los hielos, vierta en la copa.

Medias de seda

10 minutos
1 porción

Ingredientes:

2 caballitos de vodka
1 caballito licor de cereza
¼ taza de leche evaporada
⅛ taza de leche condensada
Hielo al gusto
Cerezas para adornar
Canela al gusto

Ponga en la licuadora el hielo, el vodka, el licor de cereza y las leches, licúe muy bien, sirva en una copa. Decore con cerezas y espolvoree canela al gusto.

Michelada

10 minutos
1 porción

Ingredientes:

1 botella de cerveza
1 limón
Salsa Valentina
Salsa inglesa
Chile piquín
Sal

Lave un tarro y meta al congelador mojado, deje ahí unas horas. Saque del congelador, frote limón y escarcha con sal y chile piquín.

Exprima la mitad de un limón, agregue salsa valentina e inglesa al gusto, sal, por último vierta la cerveza en la copa.

Pan de plátano

90 minutos
6 porciones

Ingredientes:

2 tazas de harina
½ taza de azúcar
6 huevos
1 cucharadita de polvo para hornear o royal
½ cucharadita bicarbonato
1 taza de plátano molido
1 pizca de sal
½ taza nueces (opcional)
1 molde
Aceite o mantequilla para engrasar

Cernir la harina por un colador, bata todos los ingredientes con una batidora o con un globo de mano por 5 minutos. Usando una espátula limpie las orillas y por abajo que no quede harina. Incorpore bien, vierta en un molde engrasado, precaliente y hornee a 350° F o 180° C, por 40 minutos o hasta que inserte un tenedor o palillo y salga limpio.

Deje enfriar, desmolde, corte en rebanadas para servir.

Made in the USA
Lexington, KY
04 October 2011